상처 받기 쉬운 아이의 마음을 지키는 대화법 70가지

아이를 무너트리는 말,

아이를 일으켜 세우는 말

고도칸 지음 한귀숙 옮김

21세기북스

노력하다 지쳐 가는 부모에게 위로와 조언을 주는 책

오랜 시간 아이들과 깊은 소통을 나눈 경험을 바탕으로 책을 집필한 저자는 아이들이 사실 무엇을 원하는지, 아이들에게 정말 필요한 것은 어떤 방식의 도움인지, 아이를 위해 참아야 할 어른의 행동은 무엇인지에 관해 시종일관 밝고 따뜻한 문장으로 조언하고 있다. 부모로서 해 줄 수 있는 것과 없는 것의 경계선을 확고하게 그을 수 있는 기준을 명쾌하게 제시한 이 책을 읽으면서 눈물을 글썽이기도 했고, 무릎을 치기도 했고, 나도 모르게 슬며시 웃기도 했다. 지금껏 읽어본 일본인 저자의 자녀교육서 중 가장 크게 공감했고, 부모로서 자녀교육서 저자로서 많이 배우고, 깨닫고, 멈추어 서서 생각하도록 만들어 준 고마운 책이기도 하다.

이 책은 또한 아이가 상처 입지 않도록 돕기 위해 미리 나서서 모든 장애물을 치워 주려 애쓰는 대한민국의 부모들에게 아이 인생의 주인공은 아이, 부모는 조연이라는 명쾌한 정의를 내려 준다. 아이의 인생에 깊은 관심을 두되, 아이가 어떠한 식으로 자라든 아이의 존재 자체를 존중해 주자는 의미로 해석할 수 있겠다. 부모의 이러한 노력은 결과적으로 부모와 자녀 사이의 관계를 객관적으로 들여다 볼 수 있게 해 주고 부모 외에도 아이에게 도움을 줄 만한 사람이 주변에 있다는 사실을 일깨워줄 것이다. 부모인 나 아니면 안 된다는 생각이 부모를 아프게, 바쁘게 만드는 요즘 시대에 이보다 큰 위로가 있을까? 아이가 받은 상처, 받는 상처, 받게 될 상처를 막아 주기 위해 노력하다가 지쳐가는 대한민국의 부모들에게 현실적이고 실천 가능한 조언이 듬뿍 담긴 이 책을 추천하고 싶다.

이은경 (부모교육전문가, '슬기로운초등생활' 대표)

안녕하세요. 정신건강의학과 인증 간호사 '고도칸'이라고 합니다.

'정신건강의학과 인증 간호사'라니, 이게 보통의 간호사와 어떤 다른 점이 있는 건지 잘 모르는 분이 많으실 듯합니다. 이 자리를 빌려 설명하자면 저는 공인된 교육 과정을 수료한 뒤, 시험을 통과한 정신건강의학과 전문 간호사입니다. 쉽게 설명하여 '정신건강의학과 간호에 있어서 누구나 쉽게 범접할 수 없는 행동 실행력과 의학 지식을 동반한 정신건강의학과 전담 간호사'로, 병동에서 환자를 돌보는 일 외에도 간호사의 상담, 지도, 지식 확장 등을 담당하고 있습니다.

이렇게 무거운 직책을 맡은 제가 6~18세 사이의 소아청소년들의 마음을 돌보는 소아청소년 정신건강의학과 병동에서 근무한 지도 벌써 10년이 훌쩍 지났습니다.

여러분은 '소아청소년 정신건강의학과 병동'이란 단어 속에서 어떤 상상을 하시나요?

병동에 입원해 있는 아이들은 대개 마음의 상처나 행동 문제 등 여러 갈등이 쌓여 쉽게 풀리지 않는 문제를 안고 있습니다. 이 아이들에게 내려진 병명을 열거하자면 우울증이나 조현병, 발달 장애나 섭식 장애 등이 있습니다. 쉽사리 다가가기 어려울 법한 병이지요. 그래서 병동에 입원한 아이들이 무척 특별한 치료를 받으면서 생활하리라 생각하기 쉽습니다만, 사실 병동 안에서 아이들은 '보통의 일상'을 보냅니다. 평범하게 일상을 영위하지 않는다면 각각의 아이들이 일상생활 속에서 부딪치는 어려움이 무엇인지 알아차리기 어렵기 때문입니다. 적절한 치료나 진단을 내릴 수도 없고요.

따라서 저는 병동에 있는 아이들과 지루해 보이는 반복적인 일상을 이어갑니다.

"우아, 한가하다"라고 기지개를 켜면서 카드놀이를 하고, 입으로는 연신 "나른하고 지루하네" 읊조리면서 빨래를 개고, "귀찮아 죽겠네" 하고 투덜거리면서 근처 약국에 일용품을 사러 갑니다. 이런 제 이야기에 '세상에, 그렇게 하릴없이 보내는 게 치료라고?'라면서 놀라는 분도 적잖이 계시겠죠? 하지만 소소하고 평범한 일상을 같이 겪으면서 아이들이 속에 담아둔 이야기를 들어주고, 아이들의 상처를 알아가고, 아이들과 함께 고민하면서 해결책을 찾아가는 것이야말로 저희가 병동에서 아이들과 함께 생활하는 가장 큰 이유입니다.

겉으로 드러나는 외상과 달리 마음의 병은 다른 사람의 눈에는 보이지 않는 것이라 그 병의 깊이나 고통을 공감하기란 무척 어렵습니다. 그뿐이 아니에요. 각각의 아이들은 자신이 얼마만큼 상처를 입고 있는지 알지 못하는 경우도 많습니다. 상처 받기 쉬운 아이들을 위해 부모(혹은 어른)들은 '아이들에게 마음의 상처를 주지 말아야겠다' 의식을 지녀야 합니다. 만일 아이들이 이미 마음의 상처를 입었다면, 그 아픔과 고통을 따듯이 보듬어 주는 것이 중요하고요.

그리고 아이들의 마음에 생긴 상처는 비단 전문가만이 해결해 줄 수 있는 것은 아닙니다. 오히려 매일의 일상에서 아이들을 지켜보는 양육자 여러분이 도와줄 수 있는 것이 더 많습니다. 당신 곁에 있는 아이가 지금은 무척 건강한 것처럼 보이더라도, 그 건강이 당연하게 계속된다고 장담할 수 없습니다. 곤란한 상황에 맞닥뜨렸을 때, 마음이 무너져 내려 병을 얻었음에도 그대로 방치된다면 아이의 마음은 어느 순간 임계점에 다다라 폭발할 수도 있습니다. 몸과 마음은 연결되어 있어서 마음의 병은 언제든 몸의 병으로 나타날 수 있지요. 아침에 일어나면 두통을 느끼거나 배가 아플 수도 있고, 갈비뼈가 보일 정도로 체중이 줄어들거나 자해로 인해 온몸이 상처투성이가 되는 일도 자주 있습니다. 이러한 현상들은 혼자서 감당하기 어려울 정도로 아이의 마음이 피폐해졌다는 신호입니다. 마음의 고통이 신체적인 반응이나 행동으로 나타나는 것으로 간주하고, 한편으로는 정상적인 반응으로 받아들이기도 합니다. 다만 이러한 아이의 모습을 지켜봐야 할 부모(혹은 어른)인 우리가 어떻게 대응해야 할지는 신중하게 생각해 봐야 할 문제입니다. 일반적으로 어른들의 논리를 펼치며 아이의 행동을 바로 세우려고 하고, 설교하듯 잔소리하고, 아이의 이야기를 끝까지 들어주지 않으면서 무리하게 행동을 자제시키려고만 합니다. 하지만 이런 방법이야말로 소아청소년 정신건강의학과 병동에서 일하는 저의 기준으로는 가장 피해야 할 대응법이라고 감히 말씀드립니다. 아이들을 충분히 생각해서 한 행동이라고 한들, 그것은 어디까지나 '부모(혹은 어른)들 세계의 상식'을 아이들에게 주입하려는 것에 불과하니까요. 당연한 이야기지만, 이러한 부모(혹은 어른)의 상식을 강요하는 것은 아이들의 마음에 깊은 상처를 남기기 쉽지요.

그렇다면 어떻게 대응해야 좋은 걸까요? 아이를 어떻게 대해야 할지, 아이와의 관계 설정으로 고민하는 분, 내 아이가 상처받고 고통받고 있는 건 아닌지 걱정되는 분, 그 외에도 아이를 키우며 고민하는 모든 분을 위해 그간 저의 경험을 바탕으로 '상처 받기 쉬운 아이의 마음을 지키는 방법'을 70가지로 정리해 보았습니다.

이 책을 읽기 전에, 부모 또는 양육자 여러분에게 먼저 약속받고 싶은 것이 있습니다. 바로 이 책에 쓰인 내용을 실천하지 못했노라 스스로 책망하지는 말아 주세요. 그저 이 책에 쓰인 내용을 '심심풀이 땅콩' 정도로 받아들여 주십사 부탁드립니다. 책장을 팔랑팔랑 넘기면서 '이건 지금 당장 할 수 없을 것 같아'라고 생각된다면, 그 페이지는 과감히 무시하고 다음 페이지를 넘기는 거예요. 만일 '이 정도는 해볼 만하네'라고 생각되는 내용이 나온다면, 그 부분을 찬찬히 읽어 보고 한 번쯤 시도해 보길 바랍니다. 지금, 내 아이의 상태에 맞춰 가능한 범위에서 자유롭게 이 책을 활용해 주세요.

다시 한번 말씀드리지만, 이 책에 나온 내용을 모두 실천하지 못한다고 스스로 책망하는 일만큼은 하지 말아 주시기 부탁드립니다. 지금 이 책을 읽고 고민하는 것만으로도 당신은 충분히 아이를 위해 최선을 다하고 있는 것이니까요.

정신건강의학과 인증 간호사
고도칸

• 차례 •

 아이의 안도감과
자기 긍정감을 위해서

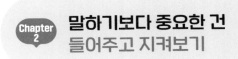

Chapter 2

말하기보다 중요한 건 들어주고 지켜보기

Chapter 4 아이의 마음을 지켜 주기
위해 꼭 알아 둬야 할 것

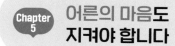

Chapter 5

어른의 마음도 지켜야 합니다

Chapter 1

아이의 안도감과
자기 긍정감을 위해서

아이가 자신감 있게 행동하고, 자유롭게 자신의 의견을 말하기 위해서는 '안도감'과 '자기 긍정감(나름의 결과가 보이지 않더라도 무조건 자신이 인정받을 수 있을 거라는 마음)'이 필요합니다. 이 장에서는 아이가 '안도감'과 '자기 긍정감'을 갖도록 하기 위해 부모(혹은 어른)가 먼저 어떤 마음의 준비를 해야 할지 소개합니다.

아이와 대화할 때
피해야 할 9가지

소아청소년 정신건강의학과 병원에서 근무하는 저는 6~18세 아이들과 이야기를 나눠야 할 때에 의식적으로 피하는 9가지가 있습니다.

이 9가지는 제가 10년 이상 현장에서 시행착오를 거듭하면서 내린 결론입니다. 그러나 앞에서 말씀드린 바와 같이 꼭 이 9가지를 완벽하게 수행해야 하지 않아도 됩니다. 아이와 함께 뒹굴다 보면 매일 예측 불가능한 일투성이지요. '이걸 다 실천할 수는 없을 것 같은데……'라고 의기소침할 필요 또한 없습니다. 저 역시 '이걸 전부 다 완벽하게 할 수는 없을 거예요'라고 읊조리면서 글을 썼으니까요. 그럼 9가지를 하나씩 소개해 보겠습니다.

① 으름장 놓지 않기

'아이를 외롭고 위태로운 상황으로 내몰지 말아 달라'는 의미입니다. "오늘 간식은 없어!"나 "○○○하면 놀러 가지 않을 거야!" 같은 말은 아이의 입장에서는 무시무시한 협박으로 다가오지요. 그리고 '그 정도는 모두 다 하는 거 아냐?'라는 뉘앙스의 말은 아이를 감당하기 힘겨운 상황으로 모는 것과 같습니다. 우리 부모(혹은 어른)들이 홧김에, 혹은 무의식에서 하는 말과 행동이 아이들을 외롭고 위태롭게 만든다는 것을 절대 잊으면 안 됩니다.

② 참견하지 않기

아이가 무언가에 몰두하여 씨름하고 있는 모습을 보고 있자면, 저도 모르게 참견하고 싶어질 때가 있습니다. 그렇게 부모가 한 마디씩 계속 지적을 보태면 아이는 '지금까지 내가 열심히 한 건 모두 잘못된 거구나'라며 부정적인 결론을 내리기 쉽습니다. 아이에게 도움이 될 만한 조언이라 할지라도 일단 한 번은 참아 보세요. 그리고 아이의 주체성이 자랄 좋은 기회라고 생각해 보는 건 어떨까요? 참견하는 대신, 아이가 끝까지 완수할 수 있도록 지켜봐 주세요.

③ 책망하지 않기

아이가 갑자기 차도로 뛰어든다던지 하는 등의 위험한 행동을 했을 때는 분명히 야단쳐야 합니다. 그렇다고 아이를 '책망'할 필요는 없겠지요. 책망이란 '잘못을 꾸짖고 비난하는' 행위입니다. 차도에 뛰어든 아이에게 '차도로 막 뛰어들면 안 돼'라고 꾸짖는 것에서 끝나지 않고 '대체 몇 번이나 같은 말을 해야 알겠니!'라고 비난을 더하는 순간, 아이는 부모(혹은 어른)들 말에 공포감을 느끼면서 귀를 막아 버립니다. '꾸짖고 야단은 치더라도 절대 비난하지 않는다'라는 부모의 마음가짐이 무엇보다 중요합니다.

④ 끝까지 들어주기

아이의 이야기를 끝까지 들어주기가 얼마나 어려운 일인지 저 역시 너무나 잘 알고 있습니다. 부모(혹은 어른)는 지금까지의 경험을 토대로 "그건 좀 틀렸잖아?"라면서 아이의 이야기를 싹둑 잘라 버리곤 하지요. 이런 식으로 대화를 하다 보면 아이에게는 '가치관이 무시당했다'라든가 '내 말을 전혀 들어주지 않아'라는 부정적인 이미지만 남습니다. 따라서 부모(혹은 어른)의 가치관이나 경험은 일단 봉인하고, 우선 아이의 이야기를 끝까지 들어주는 것이 가장 중요합니다.

⑤ 의견을 묵살하지 않기

아이가 "유튜버가 되고 싶어"라고 장래 희망을 말할 때 대부분의 부모는 "그건 좀⋯⋯"이라고 부정적인 반응을 보이기 쉽습니다. 이런 반응에 아이는 '어차피 엄마나 아빠에게 말해 봐야 소용없'이라면서 어른과의 대화 단절을 택할지도 모릅니다. 아이의 판단으로 어른들은 '내가 하고 싶은 것'이 아니라 '내가 부모에게 보여 주길 바라는 것'에만 긍정적인 반응을 보여 준다고 생각하기 때문입니다. 아이가 스스로 하고 싶은 일을 스스럼없이 말할 수 있도록 평소에 아이의 의견을 묵살하지 마세요. 아이가 하는 이야기를 집중하여 들어주세요.

⑥ 아이들의 유행어를 적절히 섞으며 이야기하기

어른들이 주로 사용하는 말은 요즘 아이들의 감성과는 크게 어긋나 있는 경우가 많습니다. 그 어긋남을 수정하고, 아이들의 세계를 이해하기 위해서라도 아이들 사이에 유행하고 있는 단어를 써 보고, 추임새로 활용해 보세요. 그것만으로도 아이는 눈을 반짝이며 '역시, 우리를 무시하는 게 아니야!'라고 생각하게 되고, 생기발랄하게 자신의 속내를 털어놓을 것입니다. 아이들의 유행어를 자유자재로 구사하는 어른일수록 아이들에게 큰 인기를 얻게 됩니다.

⑦ 의심하기보다 일단 믿기

아이가 "게임 10분만 더하고 나서 목욕할게"라고 말했지만 결국 목욕을 하지 않았을 경우, 부모는 속에서 울화가 끓어오르지요. 하지만 아이가 하는 말을 일일이 의심하고 확인하는 행위는 부적절하다고 생각합니다. 아이들은 '내가 나 스스로를 믿을 수 없지만, 상대는 무조건 나를 믿어 주기 바라는' 모순된 마음을 가진 탓에 의심 받는 걸 극도로 싫어합니다. 그러므로 아이를 일단 믿고 조금은 기다려 주는 여유를 가져야 하지요.

⑧ 감정을 부정하지 않기

"별것도 아닌 일로 왜 울어!"라고 말해 본 적이 있을 거예요. 어른과 비교하여 아이는 자신의 감정을 어떤 식으로 표출해야 할지 100퍼센트 이해하지 못합니다. 따라서 '초콜릿을 사 주지 않는다고 엉엉 목 놓아 우는 행동'이 어른의 눈에는 '겨우 그만한 일로 엉엉 울다니?' 하며 불편한 감정을 있는 그대로 내보이는 경우가 있지요. 이럴 때 '그만한 일에 우는 거 아니야'라고 자신의 감정을 부정당한 아이는 '내 감정은 완전히 틀렸어'라고 자기 자신을 비난하고, 감정을 드러내는 것 자체에 공포심을 느끼게 될 수도 있습니다. 그러니 아이의 감정 표현을 부정하지 않는 것이 무엇보다 중요합니다.

⑨ 쓸데없이 간섭하지 않기

'그러니까 내가 말했잖아'라든가 '빨리 말해 줬어야지' 등 굳이 말하지 않아도 될 걸 아이에게 퍼부을 때가 있지요. 이러한 말들은 아이를 걱정하는 마음에서 비롯된 말이지만, 아이로서는 자신의 의욕을 확 꺾어 버리는 말로 받아들입니다. 어른과 아이가 '평가되고 평가 받는' 평등하지 않은 관계가 되어 버릴 위험도 있습니다. 바꿔 말하면 쓸데없는 간섭을 하지 않는 것만으로도 아이와의 관계가 원만하게 유지된다는 것이지요. 그러므로 한 마디 더하고 싶어 입이 간질간질한 그 순간! 그 한마디를 더하지 않는 것만으로도 아이와의 관계는 점차 개선될 것입니다.

우선은 지금까지 나열한 9가지 중 하나를 골라 일상에서 의식하며 시도해 보는 건 어떨까요? 처음에는 누구라도 완벽하게 해낼 수 없어요. 아이도 그렇고, 부모도 마찬가지랍니다.

'시시껄렁한 잡담'이
안도감을 줍니다

저는 병동 안에서 아이들과 어젯밤 꿈 이야기나 발목을 삐끗한 이야기 등 시시껄렁한 잡담을 끊임없이 주고받습니다. 아이들의 존재 자체를 있는 그대로 인정하고, 신뢰 관계를 쌓기 위해서 말이죠. 그런데 어른들 대부분은 잡담의 필요성을 모르는 것 같습니다. 어째서 아이들과 시시껄렁한 잡담을 주고받는 것이 중요한 것일까요?

실제로 제가 담당했던 A를 소개하겠습니다. 당시 고등학생이었던 A는 입원해 있는 동안, 아침저녁에 하는 인사 외에는 아무 말도 하지 않았습니다. 같은 병동의 아이들이 신나게 놀 때도 방에 틀어박혀 공부에만 매달렸어요. 그러나 A를 유심히 관찰한 결과, A는 매일 책상 위에 교과서를 펼쳐 놓은 채 멍하니 창밖을 내다보고 있었습니다. 공부하던 게 아니었죠. 그런 A에게 하루는 "오늘은 날이 더워도 너무 덥네. 설마 내 가운이 다 녹아내려서 홀딱 벗고 있는 건 아니겠지?"라고 혼잣말처럼 툭 말을 걸었습니다. 제 말에 A는 씩 미소를 지어 보였다가 바로 다시 굳은 표정의 얼굴이 되었습니다. 그리고 무뚝뚝하게 "괜찮습니다"라고 대답한 뒤, 다시 교과서로 눈을 돌렸습니다.

A는 걸음마를 떼기 시작한 무렵부터 공부에 시달리는 환경에 놓여 있었습니다. 시험 성적이 떨어지면 심하게 꾸지람을 들어야 했고, 친구들과 어울려 놀고 싶다는 말에는 송곳처럼 날카로운 비난을 들어야 했지요. 좋든 싫든 책상 앞에 앉아 공부에 매진해야 하는 나날이 이어졌습니다. 그런 A에게 제가 슬그머니 다가섰습니다. '네가 하는 이야기를, 네가 말하고 싶은 만큼, 네 속도에 맞춰 이야기해도 괜찮다'라는 마음을 가지고서요. 그리고 A에게 몇 번이고, 몇 번이고 반복해서 시시하고 쓸데없는 이야기를 툭툭 건넸지요. 그렇게 얼마나 지났을까요. 하루는 A가 "오늘도 날이 더운데, 고도칸 선생님 가운은 그대로 있네요"라며 먼저 말을 걸어 주었습니다. 그 순간, 우리 둘은 서로 마주 보며 배꼽을 잡고 크게 웃었습니다.

아무 의미 없는 시시껄렁한 이야기에는 아이가 자신을 있는 그대로 인정하게 해 주는 힘이 있습니다. 그러니 부디 아이와 함께 이런저런 이야기를, 시시껄렁한 농담을 많이 해 주세요. 만일 그런 시시콜콜하고 별일도 아닌 이야기를 하는 게 아무래도 어색하다면, 식사 중에 '이 반찬이 너무 맛있어서 기절할 것 같다'라든가 잠자리에 들기 전에 '오늘 밤엔 2억 시간만큼 자고 싶다' 등 감정이나 단위를 과장하는 것만으로도 충분해요. 그 순간, 아이와 함께 웃음을 터뜨릴 기회가 올 거예요.

훗날 기억에 남을 만큼,
최대한 많이 웃겨 주세요

"가위 바위 보"라고 말하면서 손은 가위를 내는 대신 여우 모양을 만들어 보여요. "선생님 몇 살이에요?"라고 아이들이 물으면 저는 눈을 크게 뜨고 '○○아, 우리 동갑 아니었어?'라며 놀란 표정으로 되묻습니다.

이런 식으로 저는 틈날 때마다 아이들을 웃겨 주려고 노력하지요. '아이를 웃겨 줘야지'라고 생각하고 행동하면 훗날 아이에게 안정감과 자기 긍정감을 심어 줄 수 있다고 생각하기 때문입니다.

이는 제가 담당했던 중학생 B의 치료 과정에서 큰 가르침을 얻었기 때문입니다. B는 어른에 대한 불신이 크고 항상 세상에 관심이 없는 무표정한 얼굴로 지냈습니다. 그러나 만화책을 읽거나 텔레비전을 볼 때의 B는 표정이 풍부했어요. 개그 프로그램을 보고는 폭소를 터뜨리기도 했습니다.

하루는 B가 '이것 좀 뜯어 주세요'라고 과자 봉지를 들고 왔습니다. 저는 '과자를 뻥 소리 나게 뜯었을 때의 얼굴을 잘 봐~'라고 말하고는 과자 봉지를 양쪽으로 잡고 쭉 뜯으면서 얼굴의 근육을 모두 사용하여 우스꽝스러운 얼굴을 만들었습니다. 그리고 성공했지요. B가 그야말로 큰 소리를 내며 웃었거든요.

그날을 기점으로 B의 치료는 순조로웠고 경과도 좋아 무사히 퇴원할 수 있었습니다. 그리고 외래로 병원에 왔을 때, "솔직히 고도칸 선생님이 지어 보인 얼굴은 하나도 무섭거나 웃기지 않았거든요? 그런데 저는 되게 좋았어요"라고 먼저 인사를 해 주었습니다. 그 순간, 제 앞에 있는 한 아이만을 위해 웃음을 전하는 일의 중요성을 느꼈어요.

'이 아이를 웃겨 줘야겠다' 마음먹은 다음, 우스꽝스러운 표정을 짓고 말도 안 되는 개그를 구사하는 건 불특정 다수를 위해 만든 만화나 텔레비전 개그 프로그램의 재미하고는 사뭇 다릅니다. 오직 '한 아이'만을 위한 특별한 이벤트니까요. 그래서 우리는 눈앞에 있는 이 아이의 깔깔거리는 웃음소리를 들어 보려고 최선을 다해 망가집니다. 당장은 아이에게서 아무 반응이 없더라도 그 아이가 커서 어른이 됐을 때, '옛날에 내가 웃는 걸 한 번 보겠다고 엄청 노력했던 어른이 있었지'라고 안심하면서 즐거웠던 한때를 기억할 수 있도록 말입니다.

'과거에 누군가 내 관심을 얻고 싶어서 꽤나 노력했었지'라고, 나 자신의 가치를 확인할 수 있다면, 그것만으로도 아이가 이 세상을 살아가는 데에 정말 큰 힘이 될 테니까요.

04

아이가 마음껏 웃을 수 있는 환경을 만들어 주세요

TV 프로그램에 나오는 개그맨들의 코미디는 아이들을 웃게 할까요? 아니면 아이들을 화들짝 놀라게 하는 환상적인 마술쇼가 아이들에게 웃음을 주는 걸까요?

화려한 기술은 물론 무기가 될 수는 있지만, 아이들에게 웃음을 주기 위한 '필수 요소'는 아니에요. 아이들에게 웃음을 주기 위해 꼭 필요한 요소는 바로 '지금 내가 안심할 수 있는 상황인가의 여부'입니다.

아주 극단적인 예를 하나 들어 볼까요? 당신이 상공 사천 미터 높이에서 스카이다이빙을 하기 위해 비행기 문 앞에 서 있다고 상상해 보세요. 긴장된 마음에 심리적 공포까지 더해져서 마냥 웃을 수 있는 상황은 아닐 거예요. 더욱이 당장에 뛰어내려야 할 때가 되면 유명 개그맨이 기가 막히게 웃긴 코미디를 보인다고 한들, 세계적으로 유명한 마술사가 깜짝 놀랄 만한 퍼포

먼스를 보인들, 깔깔 소리 내어 웃을 만한 상황은 아닐 거예요. 도리어 '지금 나랑 장난하자는 거야!'라며 화를 내고 욕을 퍼부을 수도 있겠지요.

이처럼 불안이나 긴장을 강하게 느끼는 상황에서는 무의식적으로 온몸이 경직되고, 몸과 마음은 방어 모드로 변합니다. 그러니 웃을 여유 따위는 없겠지요.

그렇습니다. 사람은 스스로 안심할 수 있는 환경에서야 비로소 웃을 수 있습니다. 당신이 아이와 함께 뒹굴며 놀고 있을 때, 아이가 깔깔 소리 내어 웃었다면 당신의 이야기나 몸짓, 표정이 '재밌는' 동시에 당신의 품 안에서 '편안함과 안도감'을 느끼고 있다는 증거입니다. 그러므로 '오늘도 우리 아이가 활짝 웃었다'면, 당신이 아이에게 준 마음 놓고 웃을 수 있는 환경과 안도감에 대해 다시 한번 생각해 보세요. 거기에는 매일매일 아이에게 지지와 넘치는 사랑을 주면서도, 아이를 생각하는 당신의 상냥함과 배려가 담겨 있으니까요.

05

'적절한 거리 두기'로
아이의 자신감을 쑥쑥 키워요

태어나면서부터 자신만만한 태도를 보이는 사람은 없습니다. 자신감은 타고나는 것이라기보다 당신이 경험이 축적되어 조금씩 자라나는 것이니까요.

부모들은 자신의 아이가 자신감을 가지고 세상을 당당하게 살아가길 희망합니다. 그렇지만 '아이에게 자신감을 높여 줘야지!'라며 최선을 다하는 행동은 추천하지 않습니다. 오히려 '자신감을 잃지 않도록' 서서히, 그리고 조심스럽게 아이를 대하는 편이 아이의 자신감을 높여 주는 길이라는 걸 알려드립니다.

아이는 몸도 마음도 어른들이 상상하는 것 이상으로 빠르게 성장합니다. 그러나 그 성장 속도가 지금까지 길러 온 자신감을 단숨에 추락시키기도 하지요. 초등학교 때까지만 해도 뭐든 할 수 있을 것 같은 자만 섞인 자신감이 사춘기에 들어서면서 주위 친구들과 나를 비교하게 되고, '나는 생각하는 것보다 잘하는 게 없을지도 몰라……'라며 자학과 열등감이 서서히 떠오르기 시작합니다. 그런 시기에 부모로부터 '너라면 할 수 있어!'라든가 '자신감을 가져!'라고 열렬한 지지와 응원의 말들을 들어도 솔직히 아이들은 받아들이기 쉽지 않지요. '내 아이가 자신감을 가지고 살았으면 좋겠다'라는 부모의 바람은 자식을 생각하는 마음에서 비롯되었기에 나쁘다고 말할 생각은 없습니다. 그러나 아이들의 시점에서는 어른들의 '이렇게 되면 좋겠다', '저렇게 되면 좋겠다'라는 부담스러운 기대로 느껴질 수도 있습니다.

자신감을 키우기 위해 경험을 쌓아 가는 건 아이 자신입니다. 그건 누구도 대신해 줄 수가 없어요. 우리 어른들은 지금껏 아이들이 스스로 쌓아 온 경험과 판단력을 믿고, 칭찬해 주는 것만으로도 충분한 응원이 될 거예요. 그리고 아이가 스스로 해결하기 어려운 상황에 맞닥뜨렸을 때는 바로 손을 내밀 수 있는 거리에서, 아이가 주체적으로 성장해 가는 모습을 지켜봐 줘야 한다고 생각합니다.

06

아이의 자기 긍정감을 유지하는 칭찬법

아이가 어른에게 인사를 했다, 심부름했다, 스스로 알아서 숙제했다 등등……. 이런 행동을 보인 아이에게 어떻게 칭찬하시나요? 아마도 '인사도 잘하네!', '우아, 너무 멋져!', '고생했어, 내 새끼' 같은 찬사를 늘어놓을 거예요.

이런 찬사들이 상황에 적절한지 아닌지는 둘째치고라도, 저는 이러한 말들이 얼마나 좋은 지를 말씀드리고 싶어요. 아니, 지금보다 더 많이 아이에게 말해 주십사 부탁드리고 싶어요. 다만 이런 칭찬의 말들은 아이가 어른의 기대에 부응하는 행동을 취했을 때 바로 나오는 말이라는 것을 머릿속에 꼭 기억해 뒀으면 합니다.

'잘한다'든가 '대단하다'든가 하는 칭찬을 들은 아이라면 누구라도 크게 기뻐할 것입니다. 또한, 다음에도 칭찬 받기 위해 더 열심히 해야지, 생각할 테지요. 그러나 이러한 '어른이 기대한 대로 행동했을 때만 칭찬한다'라는 방법을 반복하면 아이들의 자기 긍정감이 저하될 수도 있습니다.

어른으로 바꿔 생각해 봅시다. 만일 직장에서 크게 성과를 냈다고 칩시다. 그때 상사나 동료들이 '자네 정말 믿음직스럽군. 우리 회사에 없어서는 안 될 인재야'라든가 '선배 수완은 정말 못 따라가겠어요'라는 식으로 오직 성과만으로 평가 받는 일이 이어진다면 어떨까요? 처음에는 조금 우쭐한 기분이 들 수도 있을 겁니다. 그러나 기계가 아닌 인간이기 때문에 매번 똑같은 성과를 계속 내기는 불가능합니다. '다음 달에도 이만한 성과가 나와야 할 텐데……'라고 노심초사하고, '실적이 떨어지면 인사 이동에 불이익을 받을 수도 있어'라는 불안감을 느끼거나 '이렇게까지 내가 회사에 힘이 되고 있는데, 실적에 비해 저평가되고 있다니까'라고 불만 섞인 분노가 치밀어 오를지도 모릅니다.

이처럼 '실적을 내지 못하면 다음은 없다'는 생각이나 실적만으로 주목받고 승승장구하는 상황은 어른이라도 버티기 힘들 정도의 스트레스입니다. 따라서 성과만을 보고 칭찬하는 '잘했다', '멋지다', '고생했다'라는 천편일률적인 칭찬은 추천하지 않습니다.

그렇다면 어떻게 칭찬하는 것이 좋을까요? 그것은 '아이에게 받은 도움이나 영향을 있는 그대로 말로 표현하는 것'입니다.

예를 들어 아이가 욕실 청소를 도와줬다고 가정해 봅시다. 청소하는 아이의 모습을 본다면 분명 마음속에서 '큰 도움이 됐다'라든가 '대단하다'라든가 '고맙다' 같은 긍정적인 감정이 솟아오를 거예요. 그 긍정적인 감정을 있는 그대로 말로 표현해 "정말 큰 도움이 됐다. 대단해. 너무 고마워!"라고 아이에게 칭찬해 주세요.

이 칭찬의 포인트는 아이가 한 행동을 통해 부모가 느낀 긍정적인 감정을 칭찬한다는 점입니다. 욕실을 반짝반짝 빛나게 청소한 것에 기쁜 것이 아니라 욕실을 반짝이게 닦아 준 그 아이의 존재 자체를 칭찬하는 것이니까요. 이 방법이 '아이에게 받은 도움이나 영향을 있는 그대로 말로 표현하는 법'입니다.

아이를 어떻게 칭찬해야 할지 모를 때일수록 아이의 모습을 보고 있을 때 떠오르는 부모의 긍정적인 감정에 집중해 보세요. 거기에는 아이가 부모에게 선한 영향력을 주고 있다는 엄청난 사실이 확실히 존재할 거예요. 그리고 그것을 아이에게 명확하게 전달하면 아이는 '어, 내가 꽤 대단한 일을 했나?'라고 위풍당당한 기분이 들 수 있어요.

07

잘못 끼운 단추보다 '혼자서 옷을 갈아입었다'는 행동을 봐 주세요

'우리 애는 특별히 칭찬할 게 없는데?'라고 힘들게 머리를 짜내고 있다면 그럴 필요가 없습니다. 제가 지금까지 직접 적용해 본 '칭찬 포인트 찾아내기' 방법을 전수해 드리지요. 바로 '아이가 스스로 한 행동에 집중하기' 방법입니다.

예를 들어 볼까요? 잠자리에 들기 전, 아이가 혼자 잠옷을 갈아입었어요. 그런데 단추가 하나씩 밀려서 끼워져 있습니다.

자, 아이에게 어떤 말을 해야 할까요? 이럴 때야말로 '아이가 스스로 한 행동에 집중하기' 방법을 떠올려야 합니다.

비록 아이가 단추를 밀려 끼우기는 했지만, 아이는 혼자 잠옷으로 갈아입고 단추까지 스스로 끼웠어요. 다시 말해 '단추를 잘못 끼운 것'은 '혼자 옷을 갈아입었다'와 '스스로 단추를 끼웠다'라는 과정에서 어쩌다 일어난 실수일 뿐이에요. 세상에, 아이가 얼마나 대견한지 모르겠어요. 우선은 '혼자 잠옷을 갈아입었네', '우아, 단추도 스스로 끼웠구나'라고 아이가 혼자서 해낸 일들을 인정하고 나서 '아이고, 여기 단추 하나가 잘못 끼워졌네. 여기만 다시 끼우면 완벽하겠다'라고 아이에게 스스로 잘못을 고칠 수 있도록 전달해 보세요.

이 방법은 다른 식으로도 충분히 응용될 수 있어요. '밥 먹을 때 흘리지 말고 먹어'라고 말하기보다 '이제는 밥도 혼자서 먹을 수 있네'라고 말해 보세요. '수업에 집중해야지'라고 말하기보다 '교실 안에서 한 시간이나 버틸 수 있게 됐구나'라고 말하는 것입니다. 아이의 실수보다 지금껏 아이가 달성해 온 것들에 시선을 돌려 보면, 지금껏 놓치고 있던 것들에서 칭찬할 점들이 보일 거예요.

어른은 살면서 수많은 경험과 지식을 쌓아 왔기 때문에 아이들의 '완벽하지 못한 부분'이 먼저 눈에 들어올 수밖에 없습니다. 그러나 어른으로서 해야 할 일은 그 아이가 지금까지 해 온 결과물을 바라보고 그것을 인정해 주는 것부터 시작해야 합니다. 부모가 아이를 보는 관점을 바꾸는 것만으로 자신감을 가진 아이로 키울 수 있고, 부모와 자식 간의 관계가 원만하게 형성될 테니까요.

08

아이에게 필요한 건
'응원'이 아닌 '긍정의 힘'

아이는 어른이 생각지도 못한 타이밍에 갑자기 의욕이 불타올라, 시작부터 막판 스퍼트를 내는 선수 같은 기세로 목표한 일에 임하는 경우가 있습니다.

예를 들면 평소에는 숙제를 끝까지 미루고 미루다가 자기 전에야 겨우 울며 겨자 먹기로 하던 아이가 어느 날 갑자기 스스로 숙제를 해냈다고 가정해 봅시다. 그런 모습을 본 부모는 '더 잘할 수 있게 응원해야지!'라든가 '더 잘할 수 있게끔 도움이 될 만한 일을 찾아야겠다!'고 생각하지 않나요? 하지만 아이에게 응원할 때는 주의가 필요합니다. 그도 그럴 것이 아이는 어른의 기대에 민감하게 반응하기 때문이지요.

부모의 응원을 받은 아이는 그 이면에 숨겨진 부모의 기대를 알아채고 '뭐야, 내가 공부(숙제)할 때만 잘했다고 하는 거야?'라고 불쑥 신경질을 부리거나 '기대에 못 미치면 어떡하지……'라는 불안감에 휩싸일 수 있습니다. 이는 앞서 소개한 '잘했다'나 '대단하다'와 같은 말로 칭찬 받는 아이의 반응과 같지 않나요?

부모의 응원에 힘입어 앞으로 나아가는 아이도 분명 존재합니다. 그러나 질타와 격려를 동시에 받는 아이가 보여 주는 행동은 '어른의 기대에 부응하기 위한 수동적인 행위'일 뿐, '스스로 생각하고 원하는 바를 이루기 위한 주체적인 노력'이라고 할 수는 없습니다. 동기 부여가 잘 안되고, 금세 지쳐 버릴 가능성도 있지요. 또한 아무리 노력한들 결과가 나오지 않는다면 아이는 '부모의 기대에 미치지 못했다'며 자학할 수도 있습니다.

그렇기에 아이가 스스로 열심히 노력하는 모습을 보인다면 '아이고, 너무 무리하는 거 아니니? 쉬엄쉬엄 하렴' 등의 말로 우선은 아이가 스스로 노력하는 것 자체를 긍정해 주세요. 그러한 부모의 말 한마디가 '내가 지금 열심히 하는 건가 봐'라고 아이가 자신의 노력을 스스로 인정할 수 있게 됩니다. 또한 '나, 꽤 잘하잖아!'라든가 '지금 내가 하는 방향이 틀리지 않았어!'라며 자화자찬할 수도 있겠지요.

09

'그 친구보다
더 잘하고 있어'의
주체는 '그 친구'

아이에게 '그 친구는 다 했대?'라고 물어본 적이 있나요? 저는 당연히 있습니다. 물론 그걸 물어본 다음에는 곧 후회하고 바로 사과했지만요. 아이와 대화할 때에 '다른 아이와 비교'하는 것은 절대로 피해야 할 것 중 하나인데, 왜 그런지 알고 계시나요?

"그 친구는 다 했대?"라고 물어볼 때 질문의 주체는 '그 친구'입니다. 다시 말해 눈앞에 있는 내 아이에 대한 것이 아닌 그 친구를 중심으로 한 질문인 거죠. 이는 '어느 정도 수준을 맞추지 않으면 안 된다'는 어른들의 불안이나 초조함을 아이에게 적나라하게 드러내는 것입니다. 아이 입장에서는 '너는 그 친구보다 뒤처지고 있다'라는 의미로 받아들여질 수도 있고, '나는 그 친구보다 못하다'라고 자신감을 잃어버리게 할 가능성도 있습니다.

반대로 "그 친구보다 훨씬 잘하고 있어!"라든가 "그 친구보다 훨씬 대단해"와 같이 내 아이를 무조건 치켜세우는 말도 삼가야 합니다. 이 말 또한 표면적으로는 우리 아이를 북돋워 주기 위한 것처럼 들리지만, 주체는 '그 친구'이기 때문입니다. 게다가 아이에게 '그 친구보다 더 열심히 분발해야지!'라고 부담을 줄 수도 있습니다.

그렇다면 아이와의 대화는 어떤 식으로 진행해야 할까요? 간단합니다. 내 아이의 '과거'와 '현재'를 비교하면 됩니다. 과거에 비해 비약적으로 성장한 현재의 모습이나, 지금 얼마나 노력하고 있는지를 인정하고 칭찬하며 함께 기뻐해 보세요.

"예전보다 채소를 잘 먹게 됐어. 이제 키가 쑥쑥 클 거야"라든가 "반년 전과 비교하면 얼마나 규칙적인 생활을 하는지" 등과 같이 다른 누구와 비교하지 않더라도 내 아이의 변화된 모습을 충분히 인정하는 것입니다.

그러면 아이도 '엄마 아빠는 진정한 내 모습을 알아주고 있어'라고 안심할 수 있습니다. 내 아이의 비교 대상은 과거의 내 아이만으로도 충분합니다.

10

아이들의 '별일 없어'에 관심을 보이세요

　아이들에게는 '별일 없는 용무'라는 중요한 용무가 있다는 것을 알고 계십니까? 엄마나 아빠 주위를 빙빙 돌면서 '바빠?'라고 혹 들어오거나, 솔직하게 '별일 없어'라고 말하는 아이를 보고 있자면 '빈둥거리느니 공부나 좀 더 하지!'라는 생각이 들게 됩니다. 하지만 아이가 하는 의미 없는 행동들이 아이에게는 중요한 '할 것'이라는 걸 알아주세요.

　부모(혹은 어른)들은 사람과의 관계에 목적을 가지고 있습니다. 그도 그럴 것이 아이가 태어난 이후부터 육아에 집안일에 회사일까지, 매일매일 반드시 해내야 '할 일'들이 차례로 이어지다 보니, 나만의 개인 시간을 갖는 건 거의 불가능합니다. 그런 중에 아이들이 중얼거리는 딱히 볼일이 있는 건 아닌 속내를 알아차리기란 쉽지 않습니다. 오히려 공부도 안 하고 빈둥거릴 거라면 집안일이라도 도우라며 말하지요. 솔직히 부모에게 아이의 마음을 살펴 줄 여유 따위는 없습니다.

그러나 정말로 별일이 없는 아이는 부모(혹은 어른) 앞을 어슬렁거리면 안 되는 걸까요? 늘 그렇지는 않겠지만 정말로 별일이 없다면 아이는 부모의 주위에 다가오지 않습니다. 만일 아이가 부모에게 확실한 용건이 없이 어슬렁거린다면 그건 부모(혹은 어른) 곁에서, 부모(혹은 어른)와 함께 시간을 보내고 싶은 것입니다. 이러한 복잡하고도 단순한 생각을 아이들은 '별일 없다'라고 서툴게 말하는지도 모릅니다.

아이가 '바빠?'라고 당신에게 불쑥 물어본다면 방어적으로 반응하지 말아 주세요. 시간의 여유가 없다면 "앞으로 **분 뒤에는 일이 끝나니까 조금 기다려 줄래?"라는 식으로 언제쯤이면 아이와 함께 시간을 보낼 수 있는지 구체적으로 말해 주세요. 아이의 '별일 없는 용무'라도 최대한 성의 있게 대답해 주세요. 그것이야말로 아이의 마음을 최대한 존중해 주는 것이라고 생각합니다.

11

현재를 누리기보다 '다음'을 바라보고 있지는 않나요?

아이가 자라는 동안에 "우리 아이, 천재 아냐?"라고 호들갑을 떨었던 경험은 누구라도 있을 겁니다. 그러면서도 "좋아! 그럼 우리 다음엔 이걸 해 보자"라고 금세 다음 해야 할 목표를 제시하기도 했을 거예요. 그도 그럴 것이 부모로서 아이의 성장은 무척이나 경이롭고 흥분되는 일이기 때문입니다. 다음 단계의 성장을 재촉하기 위해 요령이나 방법을 제시하는 것은 당연한 일일지도 모릅니다. 그러나 저는 아이의 현재에 만족하지 않고 미래의 발전된 모습만을 상상하는 것이 무척 안타깝게 느껴집니다. 아이의 노력으로 이뤄낸 결과를 부모가 아이와 함께 기뻐할 소중한 시간을 놓쳐 버리기 때문입니다.

아이가 처음으로 자신의 이름을 썼다고 가정해 봅시다. 그걸 보고 놀라 "대단하구나. 그럼 다음에는 엄마 이름도 써볼까?"라고 다음 단계를 제시한다면, 아이는 '쳇, 기껏 내 이름을 다 썼더니……'라고 크게 실망할 것입니다. 그 결과, 아이는 착실하게 커 가고 있음에도 불구하고 스스로 '나는 모자란 아이야'라고 생각하면서 자신이 이뤄낸 결과를 스스로 인정하지 못하게 될 수도 있어요.

더 나은 아이의 장래를 위해 걱정하고 대비하는 것은 부모로서 당연한 마음이라고 생각합니다. 또 아이의 미래를 위해 투자하는 것이 나쁘다고 할 수도 없습니다. 다만 현재 아이가 이뤄낸 결과에 대해 충분히 기뻐한 뒤에 그다음을 기약해도 늦지 않습니다. 아이가 눈에 띄는 결과를 이뤄 냈을 때는 조바심 내지 말고 '일단 진정하자. 지금 우리 아이가 이만큼 해낸 것에 충분히 감동하고, 기뻐하는 거야!'라고 자신을 설득해 주세요.

육아에는 정답이 없어 늘 마음이 갈팡질팡할 수밖에 없지만, 어른으로서 현재 자신의 감정을 제대로 들여다본다면 충분히 바른길로 나아갈 수 있습니다.

12

'도망칠 구석'과 '숨 돌릴 공간'은 넘칠수록 좋아요

아이가 나날이 성장하여 스스로 세상을 헤쳐 나가려는 모습을 보일 때마다 '내가 곁에서 도움이 되고 싶다!'라는 생각이 솟아오르기 마련입니다. 아이가 걸어가는 길에 장애물은 없는지, 있다면 걷어내 주고, 아이에게 "힘내!"라고 응원의 메시지를 전달하고 싶은 마음도 들지요.

그러나 이쯤에서 여러분이 꼭 기억했으면 하는 것은 '아이를 향한 부모(혹은 어른)의 간섭과 응원은 아이의 의욕을 꺾어 버릴 수는 있어도 아이의 의욕과 체력을 회복 시켜 주지는 않는다는 것'입니다.

아이는 부모(혹은 어른)와 달리 '이보다 더하면 피곤하다'라고 자각할 만큼의 경험이 없습니다. 그래서 '스스로 얼마나 피곤한지', '언제 얼마나 쉬어야 할지' 등 자신의 컨디션에 대한 이해도가 현저히 낮아요. 따라서 '쉬고', '도망치고 회피하는' 등의 '자신에게 무리가 되지 않는 선택'을 떠올리지 않고 일단 앞만 보며 달려

갑니다. 따라서 언제라도 쉴 수 있고, 도망치고 회피할 수 있도록 "이쪽으로 돌아가면 돼"라고 도망갈 구석을 제안하거나 "피곤하면 쉬어도 된다"라고 휴식을 제안하는 것 또한 아이를 지지하는 것 이상으로 중요합니다.

만일 때로는 쉬고, 때로는 도망치는 선택을 하지 않고 어린 시절을 보내면 어떻게 될까요? '아무리 힘든 일이 있어도 도망치지 않고', '몸과 마음이 너덜너덜해질 때까지 전력을 다하는 것'을 당연하게 받아들일지도 모릅니다.

아이가 가는 길의 목표만을 향해 지지하는 것이 아니라 '무리하지 않고 계속 나아갈 수 있는 선택들'을 사전에 많이 준비해 두고, 이왕이면 아이와 함께 실행해 보세요. 이제 막 세상에 발을 내디딘 아이는 '무리하지 않는다'는 의미를 잘 이해하지 못합니다. 그러니 아이가 스스로 무리하지 않고 살아갈 방법들을 함께 생각하고, 함께 실행해 주는 부모(혹은 어른)가 많아지기를 바랍니다.

13

아이에게 '휴식 시간'을 알려 주세요

앞서 아이에게 쉴 시간을 알려 주는 것이 왜 필요한지를 알려 드렸습니다.

저는 아이가 스스로 '휴식 시간을 확보할 수 있도록' 유도하는 방법을 꽤 열심히 연구해 왔습니다. '여태 열심히 했잖아. 조금 쉬었다가 다시 하는 건 어때?'라고 생각하지만, 솔직히 진짜 쉬어도 되는 걸까?라는 상태에 놓였을 때 말이지요.

우선은 아이가 지금까지 열심히 해 온 것을 부모(혹은 어른)가 인정한 상태에서 이제는 그만 쉴 때라는 사인을 주는 것이 포인트에요. '나는 쉬면 안 된다'라든가 '지금보다 좀 더 열심히 해야만 해'라는 생각으로 초조해진 아이의 기분을 보듬어 주고, 좀 더 가까이 다가가 주세요.

이때 아이에게 진짜로 해 줄 것은 무작정 '쉬어라'라는 말이 아닙니다. '지금까지 열심히 달려 온 것을 위로하는 것'과 '잠시 쉬었다가 다시 해도 괜찮다'는 걸 알려 주는 것입니다. 따라서 휴식은 어디까지나 제안일 뿐, 아이에게 강요하지 않습니다. 제 경험상, 아이를 위하는 마음으로 아이에게 '휴식'을 제안한다면, 아이는 십중팔구 잠시 쉬어 가는 걸 선택할 것입니다.

이때 꼭 주의해야 할 것은 "그렇게까지 열심히 안 해도 돼"라고 부정적으로 말하는 겁니다. 지금껏 최선을 다해 온 아이는 '내 노력을 인정받지 못했다', '좀 더 분발할 수 있는데, 왜 자꾸 쉬라고 하는 거지'라고 오히려 부정적으로 받아들일 수 있기 때문입니다.

아이는 부모(혹은 어른)가 쉬라고 해도 어떻게 쉬어야 할지 잘 모르는 경우가 많습니다. 따라서 말로만 쉬라고 하지 말고, 아이와 함께 휴식을 취하는 것을 추천합니다. 함께 간식을 먹거나, 함께 만화영화를 보거나, 함께 뒹굴뒹굴해도 좋습니다. 어른도 함께 쉬고 있는 상태에서 아이는 스스로 '힘들 땐 쉬어도 되는구나'라든가 '가끔은 휴식 시간을 가져도 좋구나' 하는 것을 경험적으로 이해할 수 있게 됩니다. 자기 자신에게 과부하가 걸리지 않는 것이 왜 필요한지 이해하고, 스스로 쉬는 방법을 어른과 함께 배울 수 있는 기회를 주세요.

14

아이를 존중하는
마음을 잃는 순간,
게임 오버

저는 아이들을 지지하는 사람으로서, 부모로서, 어떤 상황에도 아이들을 향한 존중하는 마음을 잃어서는 안 된다고 생각합니다. 아이들을 향한 존중이 없으면, 아이들을 지배적이고 공격적으로 대하게 되고, 결국 아이들과의 관계가 무너질 가능성이 높습니다.

가정이나 직장(병원)에서 '아이니까'라든가 '그만 두게 해야지'라는 식으로 '어른이 우위에 서서 아이들을 존중하지 않는' 말을 종종 듣게 됩니다. 그 말에는 '아이 앞에서 부끄러워지고 싶지 않다'라는 불안이나 '아이와의 관계에 그렇게까지 시간을 들이고 싶지 않다'라는 현재의 양육 환경이 드러나는 것일지 모릅니다. 그러나 부모가 어른 우위의 자세를 유지하면서 아이를 종속 시키는 듯한 강한 어조와 강력한 태도를 지닌 '복잡한 관계'가 되기 쉽고, 아이와의 신뢰 관계가 무너지고, 아이는 어른을 향한 불신이 더욱 커지는 결과가 나타납니다.

특히 부모 자식 관계에서는 부모와 아이가 같은 공간에서 밀접한 생활을 하다 보니, 오히려 부모 자식 사이의 관계가 흐트러져서 아이에 대한 존중 그 자체를 잃기 쉽습니다. 길고 깊이 이어지는 부모 자식 사이의 관계를 유지하려면 일상에서 의식적으로 상대방을 존중하며 지내는 것이 무엇보다 중요합니다.

아이를 한 사람의 인격체로서 존경하고, 존중을 표시한다면 아이는 '자신을 존중해 주는 어른이 있다'라는 것을 실감합니다. 그것은 아이가 스스로 '나는 이 세상에 태어난 아주 소중한 존재'이고 '나는 스스로 지켜야 할 존재'라고 자기 자신에 대한 존중을 갖게 할 수 있습니다. 아이를 존중하는 마음을 잃지 않도록 당신에게 마지막 당부를 건넵니다.

"아이를 존중하는 마음을 잃는 순간, 육아는 게임 오버입니다!"

'내일도 와요?'
아이의 순수한 질문에 구원 받은 이야기

저는 지금 소아청소년 정신건강의학과의 간호사로 일하고 있지만, 간호사 1년차였을 때, 내과에서 근무했습니다. 그리고 겨우 1년 만에 간호사란 직업에 좌절했습니다. 순조롭게 적응해 가는 동기들과 달리 매일매일 쏟아지는 업무를 따라가기 힘들었지요. 급기야 '나는 간호사에 맞지 않은 건가?'라고 진로에 대해 고민하다가 '적응장애' 진단을 받고 휴직에 들어갔습니다.

그 뒤로 근무하던 대학병원을 그만두고 집에만 틀어박혀 약 3개월여의 시간을 보냈습니다. 매일 저는 '지금 이대로 죽어도 괜찮지 않을까?'라고 죽음을 생각했습니다. 죽음을 생각할 만큼의 깊은 우울감과 상실감을 앓고 있는 저를 보다 못한 친구는 대학 시절의 지도 교수님께 심리상담을 받아 보라고 권하더군요. 용기를 내어 교수님을 찾아갔고, 교수님은 뜻밖의 제안을 하셨습니다.

"자네, 정신건강의학과에서 일해 보는 건 어떻겠는가?"

그렇게 속는 셈 치고 들어간 곳이 바로 지금 근무하는 소아청소년 정신건강의학과 병동이었습니다.

이미 한 번 좌절을 겪은 터라 저는 '환자들에게 도움은커녕 민폐나 끼치는 건 아닐까?' 하고 온몸에 잔뜩 힘을 주고, 바짝 긴장하며 지냈습니다. 그러던 어느 날, 제가 담당했던 중학생 여자아이가 "선생님, 내일도 오세요?"라고 묻는 게 아니겠어요?

그 말을 듣는 순간, 온몸에 전기가 찌르르 흐르는 것 같았습니다. '내가 널 간호하러 내일 또 와도 되겠니?'라는 생각과 간호사로서 환자에게 인정받은 기분이 들었거든요. 그와 동시에 '내가 간호사로서 꽤 재능이 있는 걸지도 모른다'라는 생각이 들었습니다. 그 아이의 말 한마디에, 저는 간신히 자신을 인정할 수 있게 되었지요.

그 아이에게는 별 의미 없는 질문이었을지 모릅니다. 그러나 저는 그 아이의 말 한마디로 구원 받았습니다.

Chapter 1에서는 아이가 여러 가지 일에 도전해 가는 중에 필요한 '안도감과 자기 긍정감'에 대해 알아봤습니다. 그 당시 제가 그 아이의 말 한마디에 느꼈던 충격과 감동이 저에게는 '안도감과 자기 긍정감'이지 않았을까 생각해 봅니다.

Chapter 2

말하기보다 중요한 건
들어주고 지켜보기

아이가 '나 잘하지?'라고 자신만만하게 다음 도전을 이어 가기 위해서는 부모는 '말하기'보다 '들어주고 지켜보는' 연습이 필요해요. 이미 우리가 잘 알고 있는 '경청'은 '귀와 마음을 다해서 열심히 들어주는 것'입니다. 부모(또는 어른)가 아이의 이야기를 열심히 들어주는 것이 대단히 어렵다는 것을 잘 알지만, Chapter 2에서는 아이의 이야기를 잘 들어주는 기술을 소개합니다.

아낌없는 지원보다
스스로 도전할 힘을 길러 주세요

'우리 아이는 뭘 잘할까?' 고민하는 건 아이를 생각하는 부모(혹은 어른)의 따뜻한 마음입니다. 그러나 이런 마음이 쌓이다 보면 어느 순간 '아이에게 뭘 해 줄까?'로 생각이 바뀌게 됩니다. 그리하여 아이에게 '지원'이라는 명분 아래 일방적으로 주는 관계가 지속되면 아이의 주체성은 손상되어 버립니다.

부모(혹은 어른)의 지속적인 지원을 받아 온 아이는 '나한테 늘 이래라저래라 하니까⋯⋯'라며 아이가 자립적으로는 아무것도 할 수 없는 무력감에 빠질 가능성이 있습니다. 이 무력감은 아이의 행동에 크게 영향을 미칩니다. 일상생활에서 스스로 해내야 할 일조차 '나는 혼자서 할 수 없다'라는 무력감 때문에 새로운 과제를 수행하거나 도전할 의지를 상실할 수도 있으니까요.

더욱이 그렇게 포기하는 아이를 본 부모(혹은 어른)는 나름대로 '우리 아이는 대체 뭘 제대로 할 수 있는 걸까?'라고 고민하고, 다시금 아이에게 일방적인 제안을 이어 가는 부모(혹은 어른)와 아이가 서로 밀고 당기는 힘겨루기가 계속될지도 모릅니다.

따라서 '아이를 위해 무엇을 해 줘야 할까?'가 고민될 때는 먼저 부모가 '아이를 위해 피해야 할 행동은 무엇일까?'를 생각해 주세요.

'교복을 깨끗이 빨아 줬다면 그 외의 등교 준비는 아이가 스스로 하는 환경'을 만들어 주세요. 부모(혹은 어른)로서 해 줄 수 있는 것과 없는 것의 경계선을 확고하게 그어 두는 것도 방법이겠지요. 만일 여전히 경계를 잘 모르겠다면 '이 정도는 아이가 스스로 했으면 좋겠다'라고 생각했던 부분까지를 경계로 잡아 보는 건 어떨까요?

단, 부모(혹은 어른)가 아무것도 하지 않는 상태에서 아이가 실패를 경험하고, 자신감을 잃었을 때는 방임하지 말고 넘어질 것 같은 순간에는 손을 내밀어 주세요.

'나 혼자 하도록 지켜봐 주지만 어려움에 닥치면 도움을 준다'는 믿음만으로도 아이는 다음 단계로 나아갈 용기를 냅니다. 부모가 나서서 일방적으로 해결해 주는 것이 꼭 아이를 위한 것이라고는 할 수는 없습니다.

16

말을 듣지 않는 아이
vs 말을 들어주지 않는 부모

아이가 '말을 듣지 않는다'라며 얼굴을 붉히고 화를 낸 경험, 많이 있으시죠? 그런데 반대로 아이 역시 '우리 엄마(아빠)는 내 말을 전혀 들어주지 않는다니까요!'라고 생각하는 경우가 꽤 많습니다.

어째서 이러한 상황이 발생하는 걸까요? 답은 간단합니다. '부모(혹은 어른)와 아이 모두 서로 하고 싶은 이야기만 하고, 듣고 싶은 이야기만 듣고 있기' 때문입니다. 그리고 이런 상황이 계속되면 '말을 듣는다'라는 본래의 목적이 상실될 뿐만 아니라 상대방을 향한 분노와 불만이 점점 더해져 '내 말을 듣지 않는 아이(부모)가 나쁘다'라고 서로에게 책임을 전가하게 됩니다.

이러한 상황을 막기 위해서 저는 '아이의 이야기를 먼저 들어주기'를 제안합니다. 다시 말해 아이가 '말을 듣지 않는다'고 생각이 들 때 일단 멈춰서 '아이가 하고 싶은 이야기를 먼저 들어주는 것'입니다. 그리고 이 방법의 좋은 점은 아이에게 '나는 너를 이해하려고 노력하는 중'이란 걸 자연스레 전할 수 있다는 겁니다.

이는 일종의 '뒤로 물러서기' 대응으로 서로 평정을 잃은 상태에서는 상당히 효과적인 대화법이라고 자신 있게 말할 수 있습니다. 그러나 이 '뒤로 물러서기' 대화법은 그 상황의 분위기를 잘 읽어 내고 자신의 감정을 조절하며 행동해야 하기 때문에, 아이 입장으로는 꽤 수준이 높은 대응 방법입니다. 따라서 아이보다는 삶의 경험이 풍부한 부모(혹은 어른)님이 먼저 '뒤로 물러서기' 대응법을 써 보는 것이 좋겠지요.

서로 말을 듣지 않는 상황이라면 부모(혹은 어른)나 아이 모두 서로에게 전달하고자 말이 분명하게 있다는 의미입니다. 이는 서로를 이해할 수 있는 귀중한 기회일 수도 있습니다.

17

아이의 이야기를 들어주는 특별한 기술은 '아이의 이야기에 귀를 기울이는 것'

　제목을 보고 많이 놀라셨죠? 아마 '당연한 말 아냐?'라고 생각하실 수도 있습니다. 그런데 '아이의 이야기에 귀를 기울이는 것'만큼 어려운 게 없답니다. 매일매일 많은 아이를 상대하는 저조차도 자신 있게 '아이들의 이야기를 잘 들어줍니다!'라고 장담할 수 없으니까요. 앞에서 '끝까지 들어주기'를 강조했지만, 어른들은 아이들과 이야기하다 보면 나도 모르게 초조해지고, 이야기를 중간에 끊을 때가 종종 있기 때문입니다.

　기본적으로 어른들은 아이들과 비교하여 경험이나 지식이 풍부한 탓에 무의식적으로 아이들의 이야기를 판단하며 듣기 쉽습니다. '그 말은 적절하지 않아'라든가 '무슨 말을 하는 건지 전혀 모르겠다'라는 식으로 아이의 말에 자기의 생각을 덧붙이고, 아이의 이야기를 자신의 화법이나 가치관에 비교해 버립니다. 그 결과 '그렇지만'이라든가 '그러니까', '하지만', '그건 말이지'라며 아이의 이야기를 끊어 버리지요.

　아이들의 이야기에는 미숙한 부분이 많을 수밖에 없어요. 말하는 법도 서툴고, 어휘의 양도 적고, 무엇을 말하고자 하는 건지 잘 이해하기도 어렵습니다. 하지만 아이는 이 세상에서 가장 의지하고 믿을 수 있는 당신에게 지금 자신의 이야기를 하는 것입니다. 그리고 당신과 이야기를 나누면서 아이는 눈부실 만큼 성장하고 있습니다.

　그렇기에 아이의 이야기를 가로막는 말이나 빨리 끝내려는 말은 일단 참고, 아이의 이야기를 자신의 화법이나 가치관과 비교하지 말고 끝까지 들어주세요. 이야기하는 아이도 속으로 '내 이야기가 좀 이상한가'라며 스스로 의심하고 있을지 모르니까요.

　만일 '아무래도 이야기를 끝까지 들어주지 못하겠다'라는 부모가 있다면 '이 이야기를 듣는 것만으로도, 이 순간 쑥쑥 자라고 있는 내 아이를 내 눈으로 직접 볼 수 있는 절호의 기회'라고 생각을 바꿔보면 어떨까요? 아이의 이야기를 자르지 않고 끝까지 들어주는 것만으로도 아이는 말하는 즐거움을 알아갈 수 있을 겁니다. 부디 아이의 이야기를 끝까지 잘 들어주세요.

18

엉켜 있는 실타래를 풀듯이 들어 보세요

처음 정신과병동 간호사로 일하기 시작했을 무렵, 아이들의 이야기를 들으면서 '이야기가 또 산으로 가네'라며 속으로 한 숨을 쉬기도 하고, 중언부언하는 아이들의 이야기에 '대체 무슨 이야기를 하고 싶은 거지?'라는 생각에 머리가 지끈거렸습니다. 당시의 저는 "그러니까 이러저러한 거를 말하고 싶은 거니?"라고 아이의 이야기를 싹둑 잘라 버리기도 했고, '○○에 대한 이야기를 듣고 싶은데……'라며 제가 원하는 이야기나 아이의 정보를 취조하듯 물어보았어요. 그러나 이제는 전혀 다른 관점에서 아이들의 이야기를 정성껏 끝까지 들을 수 있게 되었습니다.

앞서 말했듯이, 아이는 '말하는' 경험을 쌓아 가는 중이라 어른들처럼 기승전결에 따른 논리적 이야기를 구성하기 무척 어렵습니다. 그러나 우리 어른들은 종종 그 사실을 잊어버리고는 '제대로 알아듣게 설명해야지'라면서 무의식적으로 아이들이 논리적으로 말하기를 기대합니다. 그 결과, 초보 간호사 시절의 저처럼 '아이의 이야기를 억지로 듣는' 상황이 발생하고, 아이는 부모(또는 어른)에게 이야기하는 것에 대해 거부감이 생길 수밖에 없겠지요.

경험이 쌓인 후로 저는 아이가 이야기를 뒤죽박죽 풀어놓을 때마다 엉켜 있는 실타래를 상상하면서 듣습니다. 뒤엉켜 있는 실타래를 '일단은 잡아당겨 볼까' 하고 삐죽 나온 실 한 가닥을 쭉 끌어당기면 당장은 실이 풀리는 것처럼 보이지만, 얼마 안 있어 배배 꼬인 부분이 나와 다시금 실타래와 씨름을 해야 합니다. 이 실타래를 아이와의 대화라고 생각해 본다면 부모(혹은 어른)가 아이의 이야기를 억지로 듣는다면 아이는 전달하려는 이야기를 제대로 전달하지 못하고, '부모(혹은 어른)에게 이해 받지 못했다'는 기분만이 남을 수 있습니다.

이해 받지 못한 아이의 기분을 풀어 주는 건 분명 어려운 일이고, 시간도 많이 듭니다. 부디 아이가 하고자 하는 이야기가 무엇인지, 지금 아이는 어떤 상황인지 자세히 살펴봐 주세요. 엉켜 있는 실타래를 풀 듯이 시간을 두고 정성껏 아이의 이야기에 집중해 주는 것이 무엇보다 중요합니다.

19

반복적으로 내뱉는 말에는 '다른 속내'가 있을지도 모릅니다

　제가 소아청소년 정신건강의학과로 막 부임했을 무렵, C라는 아이의 언행으로 곤란함을 겪고 있었습니다.

　당시 초등학생이었던 C는 매일 병원 내 학교로 등교했는데, 하루는 갑자기 학교에 가지 않겠다는 거예요. 수업이 시작됐는데도 침대에서 나올 생각을 하지 않았고, 등교 시간이라고 알려주는 간호사 선생님께는 "싫어!"라고 말하고는 이불을 뒤집어써 버렸지요. 그보다 더 큰 문제는 "학교에 안 가도 좋아"라고 말하는 간호사 선생님께도 같은 식으로 "싫어!"라고 대답하는 거예요. 솔직히 C의 '싫어'가 무슨 뜻인지 몰랐습니다. 학교가 싫다는 건지, 수업이 싫다는 건지, 친구가 싫다는 건지, 선생님이 싫다는 건지 알 길이 없어서 슬슬 화가 치밀었지요.

　다음 날, 아무 일도 없었다는 듯이 C에게 "학교에 왔다 갔다 하는 게 좀 귀찮긴 하지"라고 말을 걸었습니다. 그러자 C는 눈을 크게 뜨고는 "맞아! 진짜로 귀찮아 죽겠어!"라면서 소리치는 바람에 얼마나 놀랐는지요. 그리고 나서야 C의 이야기를 좀 더 깊이 들어 볼 수 있었습니다. 알고 보니 그날 C가 반항을 한 건 숙제 때문이었습니다. 전날 숙제하는 걸 잊어버리고는 등교 직전이 돼서야 생각이 났던 것이죠. '선생님께 혼날까 봐 무서웠다', '어떻게 해야 할지 몰랐다', '숙제를 제대로 챙기지 못한 나 자신에게 화가 치밀었다' 등 숙제하지 못해서 일어난 감정들을 '싫어'라는 한 마디에 모두 집약시켰던 겁니다.

C가 말한 '싫어'도 있지만 아이들이 자주 말하는 '싫어'에는 어른이 상상도 할 수 없을 정도의 많은 의미를 내포하고 있을 때가 많습니다.

아이들이 내뱉는 말을 곧이곧대로 받아들이기보다 그 속뜻을 이해하는 것이 중요합니다. 그러지 않고는 아이가 진짜 무엇을 말하고 싶고, 어떻게 도와주길 바라는지 알 길이 없으니까요. 아이라 하더라도 어른과 똑같이 다양한 감정을 느낀다는 걸 잊지 말아 주세요.

실제로 아이가 '싫어'를 연발한다면 들어줘야 하는 부모로서는 짜증이 날 수도 있을 거예요. 하지만 그 아이는 자기 부모이기에 '싫어'라고 말할 수 있는 겁니다. 그 아이의 심정을 다독여 주세요.

"지금 많이 화가 났구나. 왜 그랬어? 누가 우리 ○○을 힘들게 했을까?"라고 아이의 기분을 대변해 줄 수 있을 만한 말로써 아이와 교감해 주세요.

예로 든 '싫어' 외에도 아이들이 자꾸 반복적으로 내뱉는 말은 다의어(여러 의미를 지니는 말)인 경우가 많습니다.

다음 표에는 소아청소년 정신건강의학과의 간호사로서 아이들에게 자주 들었던, '싫어', '귀찮아', '됐어요', '죽고 싶어', 이 4가지 말의 속뜻을 표로 만들어 보았습니다. 보시다시피 각각의 말뜻과는 전혀 다른 기분이나 요청, 곤란한 상황 등이 숨어 있습니다.

이는 아주 극히 일부에 불과합니다. 이 표에는 나오지 않은 감정도 분명 있을 거예요. 다만 아이가 내뱉는 말에는 그 속뜻이 있다는 걸 잊지 말아 주세요. 그리고 이 표 안에서 아이의 감정을 찾는 것이 아니라, 내 아이가 이 표 안에 있는 것 같은 기분을 아이가 느끼고 있을지도 모른다는 생각을 하는 것입니다. 즉 아이의 말에 숨겨진 기분을 생각해 보라는 것입니다. 이를 통해 아이도 자신의 감정에 솔직해 지는 것이 얼마나 중요한지 알게 되기를 바랍니다.

아이들이 자주 말하는 '다의어' 4가지

싫어	귀찮아

싫어

속뜻

- 불안해
- 무서워
- 피곤해
- 곁에 있어 줘
- 나 지금 힘들어
- 도와줘
- 짜증이 나
- 싫은 건 아냐
- 어리광 부리고 싶어
- 말하고 싶어

등등

요점

아이의 입에서 '싫어'라는 말이 나왔을 때, 아이는, '싫다'고 말한 상태를 그대로 받아들여 주세요. 그러고 나서 그 아이가 무슨 생각으로 '싫다'는 말을 한 건지 아이의 이야기에 집중해 주세요.

귀찮아

속뜻

- 무서워
- 짜증이 확 밀려 와
- 자신이 없어
- 불안해
- 좀 많이 힘들어
- 고민이 있어
- 곁에 있어 줘
- 내 노력을 알아봐 줘
- 나는 안 될 것 같아
- 사라지고 싶어

등등

요점

아이가 '귀찮아'라고 말했다면 긴급히 'SOS'라고 말하는 것일지도 몰라요. 지금 당장자기를 도와달라고요. 부디 번거로워 하지 말고 아이의 '귀찮음'을 그대로 받아 주세요.

됐어요	죽고 싶어

됐어요

속뜻

- 도와줘
- 무서워
- 불안해
- 사라지고 싶어
- 날 싫어하지 말아 줘
- 나에게 등 돌리지 마
- 내 노력을 알아봐 줘
- 난 글렀어
- 인정받고 싶어

등등

요점

아이가 입에 올리는 '됐어요'는 어른을 화나게 하는 말 중 하나지요. 그러나 그 말속에는 말로는 할 수 없는 복잡하고 단순한 아이의 기분이 숨어 있습니다.

죽고 싶어

속뜻

- 난 죽기 싫어
- 난 인정받고 싶어
- 혼자 두지 마
- 나도 내가 싫어
- 어리광 좀 부리면 안 돼?
- 대화 상대가 필요해
- 도와줘
- 재수 없어
- 외로워

등등

요점

아이에게 '죽고 싶다'는 말을 들었다면, 일단 '죽고 싶은' 그 기분을 인정해 주세요. 그런 다음 어째서 그런 기분이 들었는지 마음을 담아 차분히 아이의 이야기에 귀를 기울여 주세요.

20

'말하고 싶지만,
말하지 못하는' 아이의 속사정

아이와 부모(혹은 어른)의 마음은 쉽게 어긋납니다. 아이가 아무 말도 하지 않고 입을 다물고 있을 때, 부모(혹은 어른)는 '말을 안 하면 네가 뭘 원하는지 알 길이 없잖아!'라고 다그칩니다. 하지만 이때 아이는 '어떻게 말을 꺼내야 할지 모르는 것'일 수도 있어요.

그렇다면 어째서 이렇게 어긋나는 걸까요? 그 원인의 하나로는 부모(혹은 어른)가 '아이의 말을 기다려 주지 않아서'인 경우가 많아요. 부모(혹은 어른)는 오랜 세월 자신의 감정을 말로써 전달하고, 상대방의 말을 통해 의견을 전달 받았습니다. 말로 소통하는 것에 대한 경험이 쌓인 거죠. '적확한 단어를 사용하여 의견을 전달하는 중요성'에 대해서는 충분히 이해하고 있고요. 그러나 아이들은 아직 말로써 자신의 의견을 전달하는 일이 미숙합니다. 아니, 이제 막 경험을 쌓아 가는 중이지요. 말을 한마디 건넬 때마다 '이렇게 말하면 엄마가 화낼까?', '이런 말을 하면 날 싫어하게 될지도 몰라' 같은 생각에 자신이 내뱉은 말이 오해를 불러일으킬까 두려워서 '말하고 싶지만 말하지 못하는' 상태가 됩니다.

아이는 자신의 기분을 적절하게 표현하기도 쉽지 않은데, 부모(혹은 어른)는 사사건건 자세히 설명해 주길 바라지요. 결국 아이는 부담감에 압도되어 입을 닫아 버릴 수밖에 없습니다. 물론 그 외에도 수많은 이유가 있겠지만요. 아이는 자신의 마음을 이해해 주고, 이야기를 꾹 참고 기다려 줄 수 있는 부모(혹은 어른)의 모습을 바라고 있을 겁니다.

부모(혹은 어른)는 다른 사람들과 대화할 때 '말할 수 있지만 참는' 경우가 더러 있습니다. 그러나 아이는 '말하고 싶지만 말하지 못하는' 것입니다. 묻는 말에 대답을 못 하거나, 혹은 할 말을 못 꺼내고 주저한다면 '네가 말해 주지 않으면 아무것도 알 수가 없다'라고 할 것이 아니라 '지금은 말하고 싶지 않구나. 많이 힘드니?'라고 공감해 주고, 아이가 말할 때까지 기다려 주세요. 그리고 아이가 자기의 생각이나 감정을 말했을 때, 있는 그대로 받아 주세요. 그렇게 해 주는 것만으로 아이는 '내 말에도 어느 정도 힘이 있다'라는 걸 실감할 수 있고, '말로 전달하는 것이 얼마나 중요한지' 알 수 있게 됩니다.

21

먼저 아이와 마주하세요

아이의 이야기를 들을 때, 부모(혹은 어른)가 경청하는 게 얼마나 중요한지는 앞에서 이미 이야기했습니다. 그러나 경청하는 것만으로는 아이의 이야기를 알아들을 수 없습니다. 아이와 마주 앉아 이야기를 들어주는 자리가 따로 마련되지 않는다면 아이의 이야기를 제대로 들을 수 없으니까요. 따라서 저는 아이의 이야기를 들으러 가는 노력이 중요하다고 생각합니다.

아이에게 '누군가와 이야기한다'라는 것은 굉장한 용기가 필요한 일입니다. 부모(혹은 어른)와 달리 누군가에게 말을 걸어 상담받아 본 경험이 별로 없으니까요. 가령 상대가 아무리 친한 사람이라도 '지금 바쁜 건 아닐까?'라든가 '내가 이런 이야기를 꺼내도 되는 걸까?'라고 이야기하기를 망설일 수 있습니다. 아이의 이야기를 듣고 싶다면 부모가 먼저 아이가 있는 곳으로 다가가 말을 걸었으면 합니다.

아이와 대화를 할 기회를 많이 만들고, 아이와 진득하게 이야기를 나누는 힘을 기르고 싶다면 부모가 어떻게 해야 할까요?

제가 추천하는 건 '아이가 잘하는 분야에 관해 적극적 질문하기'입니다. '나도 그림을 잘 그려 보고 싶다', '상어의 습성에 대해 알고 싶은데……'와 같이 평소에 아이가 관심 있어 하는 분야에 대해 진심으로 이야기하면서 대화의 계기를 만드는 것입니다. 그러던 중에 스스럼없이 아이의 고민을 물어볼 수 있겠지요. 단, 이때 주의할 것은 아이에게 이런저런 이야기를 해 보라고 자꾸 독촉하지 않는 것입니다. 아이 입에서 '더는 말하고 싶지 않아'라는 말이 나온다면, 미련 없이 한발 물러서 주세요.

아이가 자연스럽게 하는 이야기를 듣고 싶다면 '아이의 이야기를 들으러 가는 노력'이 필요합니다. 부모가 '어떻게 해야 아이가 입을 열지 모르겠다'라고 고민하기에 앞서 '아이의 이야기를 어떻게 들으러 갈 지를 생각하는 것'이 더 중요합니다.

22

'나도 가르쳐 줘!'는
아이의 자신감을 길러 줍니다

**어떤 상황에서는 전력을 다해 놀고, 즐기고, 후회를 남기지 않는다.
주변의 시선을 의식하지 않고 본능이 이끄는 대로 행동한다.**

앞의 글과 같은 아이들의 모습을 보고 있자면 어른으로서 마음이 울렁거립니다. 그건 아마도 어릴 때는 가능했던 일이 어른이 된 지금, 마냥 그렇게 본능이 이끄는 대로 살아갈 수 없다는 것을 알기 때문일 거예요.

아이가 자라는 동안 부모도 배우는 것들이 많지만, 보고 배우는 것만으로 끝나서는 안 됩니다. 만일 당신이 아이를 통해 배운 게 있다면 아이에게 직접 가르침을 받아 보기를 강력하게 추천합니다.

방법은 아주 간단합니다. 아이 곁으로 가서 "○○이(가) 하는 걸 보고 엄마(아빠)가 크게 배웠어. 혹시 그걸 간단하게 할 수 있는 방법이라든가 순서를 좀 알려 줘", "어떻게 그렇게 한 거야?"와 같이 아이에 게 직접 가르쳐 달라고 부탁하는 것입니다. 이 방법은 부모(혹은 어른)뿐 아니라 아이에게도 매우 좋은 영향을 미치는데, 무엇보 다도 '아이가 스스로 자신이 잘한다는 것을 인지할 수 있다' 는 점입니다.

아이가 본 부모(혹은 어른)의 모습은 자신보다 경험이 풍부하 고 '아마 나보다 더 대단한 사람'입니다. 그 '대단한 사람'이 "네 가 잘하는 걸 나에게도 알려 주겠니?"라고 물어 온다면, '내가 지금 하는 게 대단한 것일지도 몰라'라고 속으로 우쭐하겠지요. 게다가 '부모(혹은 어른)에게 인정받았다'라는 우월감이 마음 깊이 남 을 것입니다. 이렇게 조금 부끄럽고도 자랑스러운 기분은 아이 가 성장하는 데에 매우 중요한 요소가 됩니다.

아이의 멋진 모습을 보고 마음이 움직였다면, 아이에게 진심 을 다해 "나한테도 가르쳐 줘!"라고 부탁해 보세요. 그런 부모 (혹은 어른)의 모습은 아이가 자신감을 기르는 데에 큰 도움이 될 겁니다.

23

"아, 그래?"라고 하는 순간 아이는 마음의 문을 닫아 버립니다

아이가 신이 나서 혹은 억울해하며 하는 이야기가 부모(혹은 어른) 입장에서는 이해되지 않는 경우가 많습니다. 그래서 부모(혹은 어른)들은 대체로 "아, 그래? 그랬구나"라고 성의 없이 맞장구를 쳐 버리는 경우가 있습니다. 사실 부모(혹은 어른)의 이러한 반응은 아이들이 자신을 부정하는 의미로 받아들일 확률이 높으므로 주의해야 합니다.

애당초 아이가 당신 앞에서 열심히 무언가에 관해 이야기한다면 '이 사람이라면 내가 하는 이야기를 다 이해해 줄 거야'라는 믿음이 있기 때문입니다. 그런 아이에게 '아, 그래? 그랬구나'라는 식의 반응은 꽤 충격적으로 들릴 거예요. '이 사람은 내가 하는 말에 관심이 없구나'라는 실망감과 함께 '앞으로는 시시콜콜 이야기할 필요가 없겠구나' 하는 좌절을 맛보게 됩니다. 그리고 부모(혹은 어른)를 향한 마음의 문을 닫아 버리게 되기 쉽습니다.

그렇다면 어떤 식으로 아이에게 반응해야 할까요? 우선 "무슨 일인데? 너무 궁금하다"라고 살짝 열띤 목소리로 아이의 이야기를 적극적으로 들으려는 자세를 보여 주세요. 이는 자신의 이야기에 적극적으로 들으려는 어른이 있다는 긍정적인 모습을 보여 줄 뿐만 아니라, 아이가 어른에게 무언가를 알려 줄 수 있는 기회를 만들 수 있는 효과가 있습니다.

부모(혹은 어른)는 대부분 아이의 이야기를 성심성의껏 들어주기보다는 적당히 흘려듣고, 대충 무시할 때도 있을 거예요. 그러나 아이가 심각한 얼굴을 하거나 혹은 신이 나서 어쩔 줄 몰라 말한다면 아이의 관심사나 흥밋거리를 아이의 시선에서 배울 수 있는 아주 절호의 기회입니다. 최선을 다해 자기의 생각을 전달하는 아이에게 건네는 '우아, 대단하다. 더 자세히 알려 줘'라는 말 한마디는 아이의 눈을 더욱 반짝거리게 할 거예요. 그리고 부모가 지금껏 알지 못했던 세계가 아이의 입을 통해 펼쳐질 겁니다.

24

아이의 이야기를
'바로 메모'하는
습관을 길러 봅시다

'이 캐릭터 엄청 멋지지!', '이거 정말 대단하지?'와 같이 '아이는 잘 알지만, 나는 알지 못하는 이야기'를 들었다면 어떤 식으로 반응해야 할까요? 앞서 이야기한 것처럼 "아, 그래? 그랬구나"라고 대답하는 건 좋지 않습니다. 저는 '바로 메모해서 그날 조사하고 다음 날 이야기'하기를 추천합니다.

예를 들어, 아이가 만화영화 '파워레인저'에 대한 이야기를 했다고 칩시다. 아이는 신이 나서 최신 버전의 파워레인저는 과거에 출시된 파워레인저의 능력을 어떻게 합체할 수 있는지 주절주절 쉬지 않고 설명합니다. 이때 부모(혹은 어른)는 "세상에, 지금은 그렇게까지 파워 업이 됐단 말이야?"라고 놀라면서 아이 앞에서 메모해 보세요. 그리고 이야기를 한 그날. 아이가 말한 내용을 인터넷에서 찾아보고, 다음 날에는 새로 알아낸 내용을 아이와 공유하는 거예요. 조금은 번거로운 일이지만, '메모'하고

'당일 검색'한 뒤 '다음 날 통보'하는 이 간단한 흐름이 부모 자식 사이에 두 가지 커다란 효과를 가져다 줍니다.

첫째로 아이로부터 '우리 엄마 아빠는 아는 척하지 않는 어른'으로 인정받습니다. 모르는 걸 솔직하게 '모른다'고 말하는 어른의 존재는 아이가 '적'이 아닌 안도감을 주는 사람으로 받아들이게 됩니다.

둘째로는 '내가 알고 있는 것(지식)을 공유할 수 있는 어른'으로 인정받습니다. 부모(혹은 어른)가 자신과 공통된 관심사를 갖는다는 건 아이로서는 엄청난 발견이거든요.

아이가 의기양양하여 말한다면 부모(혹은 어른)로서 굉장한 기회를 얻은 겁니다. 아는 척하지 말고 아이의 이야기에 열렬한 반응을 보여 주세요. 그것만으로도 아이가 자신감을 가지고 성장할 수 있는데, 부모로서 이 쉬운 방법을 놓칠 수는 없겠지요?

25

'지켜보기'는
수준 높은 기술입니다

저는 병동에 있는 아이들의 부모로부터 "아이를 잘 지켜봐 주
세요"라는 말을 들을 때마다 속으로 '그건 너무 수준 높은 요구
인데?'라고 속으로 비명을 지릅니다. 지금 아이를 기르고 있거
나, 아이를 양육해 본 경험이 있는 분이라면 '아이를 잘 지켜본
다'라는 것이 얼마나 어려운지 잘 아실 거예요.

'지켜보기'는 사람마다 그 해석의 차이가 있습니다만, 저는 다
음과 같이 정의합니다.

'아이가 넘어지거나 크게 당황했을 때, 당장 달려가 도와주고는 싶지
만, 아이가 스스로 위기를 헤쳐 나가리라 믿고 손 내밀고 싶은 마음을
꾹 참는 것. 이것을 몇 번이고 반복하는 것.'

어떠신가요? "맞아! 지켜본다는 건 엄청난 인내력이 필요해!"

라고 고개를 끄덕이는 분들이 많을 거예요. 제 설명이 조금 과장됐을 지는 모르겠지만, 아이를 지켜본다는 건 상당히 수준이 높은 단계입니다. 아이의 주체성과 상상력, 자기 조절 능력 등을 길러 주기 위해 부모(혹은 어른)가 아이를 지켜보는 건 아주 중요한 일이에요.

하지만 저는 '지켜보기만 하는' 것의 어려움이 더 많이 논의되어도 좋다고 생각합니다. 뒤뚱뒤뚱 아슬아슬하게 걸어가는 모습을 지켜보고, 놀이기구에서 떨어질까 두근두근 걱정되는 마음을 뒤로한 채 지켜보고, 가방을 메고 교문으로 들어가는 모습을 걱정되는 마음으로 지켜본다. 이런 위태로운 나날을 꾹 참으며 보내는 부모들의 하루하루에 존경을 표합니다. 그렇기에 아이를 지켜보고 있을 때는 부모 자신에게도 '잘하고 있다' 격려해 주세요. 그만큼 어렵고 훌륭한 일을 수행하고 있으니까요.

따라서 저처럼 아이들을 살피는 일을 하는 사람이나 아이의 보호자를 대하는 마음가짐이 달라져야 합니다. 특히 '아이를 지켜봐 주세요'라고 요청하는 것이 아니라 '지켜봐 준다는 건 정말 어려운 일이지만……'라며 아이를 지켜봐 주는 사람의 어려움을 함께 이해하고 공감해 주시기 바랍니다.

26

아이의 인생에서
부모는 조연입니다

'아이의 인생에서 부모는 조연입니다'라는 말은 아이를 인생의 최우선으로 여기고 부모가 희생해야 한다고 강요하는 것이 아닙니다. 오히려 부모(혹은 어른)인 내 인생도, 자식인 아이의 인생도 소중하게 여기는 사고방식이라고 생각합니다.

예를 들어 아이가 학교 폭력 사건에 휘말렸다고 칩시다. 그 상황에서 '내 인생 중심에 아이가 있다'라고 생각하는 분들은 '내가 아이를 폭력에 휘말리게 했다'고 생각해 버립니다. 그러고는 아이와 자신을 동일시하여 흥분하거나 죄책감에 사로잡히기 쉽습니다. '내가 이 아이를 위해 뭐라도 해야지'라고 모든 문제를 혼자 떠안게 되고, 아이에 관련된 일은 그 누구에게도 도움을 청하지 않습니다. 부모(혹은 어른)로서 나 자신의 삶을 잃어버리는 상황을 방지하기 위해서라도 '아이의 인생에서 부모는 조연이다'라고 생각했으면 좋겠습니다.

간혹 이것을 '아이의 인생이니까 방치하라'는 식으로 잘못 이해하는 분도 있습니다만, 그런 의미가 아닙니다. 아이의 인생에 깊은 관심을 두지만, 아이가 어떠한 식으로 자라든 자기 인생의 주인공인 아이라는 존재 자체를 존중해 주자는 뜻이지요. 오히려 아이와 나를 각각 나눠 생각해 봄으로써 '이 아이는 어떤 식으로 살아가고 싶은지?', '내가 도울 수 있는 건 뭘까?'라는 식으로 철저하게 아이의 입장에서 세상을 바라볼 수 있게 됩니다. 그리고 결과적으로 부모 자식 사이의 안정된 관계를 유지하며 서로를 이해할 수 있겠지요.

게다가 부모와 자식 사이를 객관적으로 볼 수 있기 때문에 '아이를 지탱해 주고, 사랑해 주는 사람은 나 말고도 있다'라는 사실에 눈을 뜰 수 있습니다. '아이를 지키는 나 또한 누군가에게 도움을 받을 필요가 있다'라는 인식도 할 수 있고요.

당신의 인생도, 아이의 인생도 각각 유일무이한 가치가 있으며 존중 받아 마땅합니다. 혼자 아이에 관련된 모든 근심과 걱정을 끌어안는 것이 아니라, 나 이외에도 아이에게 도움을 줄 만한 사람이 주변에 있다는 것을 잊지 않길 바랍니다.

아이들이 떠올리는
재미있는 어른이란?

아이들 사이에서 유독 인기가 많은 간호사 선생님이 있습니다. 호기심이 생겨 왜 그런지 아이들에게 물어봤습니다. 그러자 아이들은 너나 할 것 없이 '그 선생님은 진짜 이야기를 재밌게 한다니까요?'라고 하더군요. 그래서 시간을 두고 그 선생님을 관찰했는데, 막상 그 선생님은 아이들과 이야기할 때 자기 이야기를 거의 하지 않더라고요. 생각해 보니 그 또한 나름의 이유가 있었습니다.

Chapter 2에서 소개한 대로 아이들의 이야기는 두서도 없고, 이야기가 삼천포로 빠지는 경우가 허다합니다. 어른들이 듣기에는 아무런 의미도, 맥락도 없는 이야기가 대부분이어서, 솔직히 아이들의 이야기를 들어주는 것만으로도 힘들게 느껴질 정도이지요. 그러나 아이들의 이야기를 재촉하면서 어른들이 이야기를 주도해 나가다 보면 아이들은 '이 사람은 내 얘기를 전혀 듣고 있지 않구나'라면서 상대에 대한 강한 반발이 생겨납니다.

반대로 아이들에게 이야기의 주도권을 넘겨준 그 간호사 선생

마음이 단단한 사람으로 자라는 우리 아이 육아법!

book21

자녀교육
도서

화내지 않고 우아하게 혼내는 훈육 기술,
상처 주지 않고 자존감을 높이는 훈육 기술

작은 소리로 아들을 위대하게 키우는 법

딸은 세상의 중심으로 키워라

마츠나가 노부후미 지음 | 이수경 옮김 | 값 18,800원 | 232쪽

40년 경력, 일본 최고의 교육설계사
마츠나가 노부후미의 당당한 아들,
다재다능한 딸을 만드는 육아 바이블

상처 받기 쉬운 아이의
마음을 지키는 대화법 70가지

아이를 무너트리는 말,
아이를 일으켜 세우는 말

고도칸 지음 | 한귀숙 옮김 | 이은경 감수 | 값 19,000원 | 204쪽

아이뿐 아니라
부모 자신의 마음을 지키는 방법까지
알려주는 자녀 교육서이자 육아 힐링서

**현직 교사가 생생하게 경험한
우리 아이 독립 골든타임 육아서**

7~9세 독립보다
중요한 것은 없습니다

이서윤 지음 | 값 19,000원 | 268쪽

마음독립, 생활독립, 학습독립까지
인생독립의 발판을 준비하는
예비초등과 저학년 학부모를 위한 가이드북

자녀의 사회성을 성장시켜 줄
학부모와 교사의 품격 있는 소통법

초등 저학년 아이의
사회성이 자라납니다

이다랑, 이혜린 지음 | 값 18,000원 | 208쪽

아이의 첫 사회 진출을 위한
학부모의 역할과 소통법을 담은
초등 입학&학교생활 가이드북

님은 아이들로부터 '이야기를 잘 들어주는 사람', '내 이야기에 조언해 주는 사람'으로 인식되어 있었습니다. 실제로 현장에서 아이들과 생활하다 보면 주로 아이들의 이야기를 듣는 입장이 되는데, '내 이야기를 잘 들어주는 사람'에 대한 안도감은 곧이어 '그 사람과 이야기해 보고 싶다'라는 호기심으로 바뀌어 대화의 횟수가 늘어나고, 결과적으로는 '그 사람은 이야기를 참 재밌게 해'라는 결론에 도달합니다.

다그치지 않고, 어른이 이야기의 주도권을 아이들에게 넘기는 것은 간단해 보여도 꽤 까다롭고 어려운 일입니다. 그러나 아무 말이나 지껄여도 아이의 이야기에 집중한다는 것은 간접적으로나마 그 아이의 존재를 인정한다는 뜻이지요. 따라서 아이는 먼저 자신의 존재 가치를 인정받고 있음을 인식한 뒤에야 비로소 '재미있는 어른', '믿을 수 있는 어른'으로 인정합니다. 그리고 더 나아가 감사와 신뢰의 의미를 함축해서 '그 사람과 좀 더 이야기해 보고 싶다'라는 제안도 하게 됩니다.

Chapter 3

아이와의 소통을
귀찮아하지 않기

아이와 원만한 관계를 구축하는 데에 있어 어른이 쉽게 놓치는 것, 하지만 아이의 마음을 지켜 주기 위해서라도 반드시 피해야 할 말과 행동을 소개합니다. 주로 아이와 어른의 다름에 초점을 맞춰서 설명하려고 애썼습니다. 단, 어디까지나 '알아 두면 좋을 이야기'이므로, 여기서 소개한 내용과 다르게 행동하고 있다고 자신을 자책하지 마세요.

부모의 짜증은 아이를
'착한 아이'로 만듭니다

부모(혹은 어른)의 짜증은 아이를 착한 아이로 만듭니다. 이것은 제가 소아청소년 정신건강의학과 병동에서 임상 경험을 10년 이상 축적하면서 얻은 결과입니다.

이 말에서 여러분이 특히 주목하셔야 할 부분은 착한 아이를 '만든다'라는 점입니다. 다시 말해 '부모(혹은 어른)가 짜증을 내면 아이는 자연스럽게 착해진다'는 뜻이 아니라, '부모(혹은 어른)가 짜증을 내면 아이는 착한 아이가 될 수밖에 없다'라는 것을 말씀드리고 싶습니다.

예를 들어 집에 들어서자마자 아이가 짜증을 내면서 바닥에 드러눕거나, 물건을 던지는 행동을 보일 때, 여러분이라면 어떤 생각을 하십니까? 왜 짜증이 났을지, 그 이유를 생각하실 겁니다.

'친구랑 싸운 걸까?', '선생님께 혼이 났나?', '시험을 망쳤나?' 등 여러 가능성을 열어 두고 '무슨 일이 있었으니까 저렇게 짜증을 내는 거겠지'라고 생각할 겁니다.

그렇다면 어른과 아이의 입장을 한 번 바꿔 볼까요? 부모(혹은 어른)가 바닥에 물건을 마구잡이로 던지는 걸 아이가 보게 된다면, 어떨까요? 이때 아이들은 어른처럼 '아, 누군가하고 싸웠나 보다'라는 생각이 들기보다 가장 먼저 '내가 뭘 잘못했지?'라고 몸이 움츠러드는 경우가 더 많습니다. 왜 그럴까요? 이 생각의 차이는 어른과 아이의 '마음 성숙도의 차이'라고 할 수 있습니다.

조금 이상한 이야기를 하나 할게요. 당신과 저는 전혀 다른 별개의 존재입니다. 그리고 부모와 아이 또한 별개의 존재일 거예요. 즉 당신은 '자신이 다른 누구도 아닌 유일무이한 존재'임을 분명히 인지하고 있습니다.

바로 '나 자신이 유일무이한 존재'라는 인식은 미국의 발달 심리학자이자 아동청소년 정신분석가인 에릭 에릭슨(Erik Homburger Erikson)이 제창한 사회 심리학적 발달 이론 중 '정체성'이라고 합니다. 정체성은 청소년기(대략 만 13~22세)에 완성되는 발달 과제인데, 만 22세 이하의, 특히 어린 아이들은 '자신이 유일무이한 존재'인 것에 대한 인식이 부족합니다. 물론 우리 어른들은 정체성이 확립되어 있어 '나는 나고, 너는 너'라는 나와 타인 간의 경계를 분명하게 구분할 수 있습니다. 그렇기에 짜증을 내는 아이를 보더라도 '이 아이의 짜증은 이 아이의 것'이라고 단정할 수 있는 거지요.

그러나 아직 정체성이 확립되지 않은 아이들은 자신과 타인의 구분이 불분명하여 눈앞에 있는 부모(혹은 어른)가 보이는 감정 기복의 원인이 백발백중 자신의 문제에서 비롯된 것이라 오해합니다. 다시 말해 아이는 '내가 나빠서, 내가 잘하지 못해서 화가 난 걸 거야······'라고 단정 짓기 쉽습니다. 그 결과 '이제 곧 크게 혼날지도 몰라'라든가 '날 두고 떠나면 어떡하지' 등의 불안감과 공포감에 휩싸이게 됩니다.

이렇듯 부모(혹은 어른)의 감정에 휘둘리는 환경에 자주 노출된 아이는 '부모(혹은 어른)가 화내거나 짜증을 내는' 험악한 상황을 회피하고자, 가능한 한 부모(혹은 어른)의 기분이 상하지 않도록 최선을 다합니다. 그런 모습이 다른 사람들 눈에는 '착한 아이'로 비칠 테고요. 그러나 정작 그 착한 아이는, 부모(혹은 어른)의 기분만 살피고 자신의 감정은 숨기는, 그야말로 숨막히는 환경에서 하루하루를 살아가야 합니다.

이것이 바로 '부모(혹은 어른)의 짜증으로 착한 아이가 만들어지는' 대략적인 과정입니다.

여기에 다른 문제가 하나 더 있습니다. 부모(혹은 어른)의 감정

기복이 결과적으로 아이를 착한 아이로 만드는 탓에 어른의 시각에서는 '화를 내야만 아이가 말을 잘 듣는다!'는 엄청난 오해가 낳은 육아 성공담이 쌓여 간다는 것입니다. 결국 부모(혹은 어른)는 '다음에도 무섭게 화를 내어 훈육해야지'라고 생각하고, 아이와의 관계 형성에 빈번히 화를 내거나 짜증을 냅니다. 비록 부모(혹은 어른)의 기분이 그렇게까지 나쁘지 않은 상황에서도 아이는 '지금 화가 난 게 아닐까?'라든가 '이제 곧 폭발할 것 같은데?'라는 식으로 어른들의 얼굴색이나 표정 변화를 살피게 됩니다. 삶의 판단 기준이 '나' 중심이 아니라 다른 사람, 부모(혹은 어른)의 눈치를 보며 결정되는 것이지요. 이렇게 되면 아이와 부모(혹은 어른) 사이의 대등한 관계는 무너지고, '억압하고 짓눌리는 관계'로 고착화됩니다.

따라서 부모(혹은 어른)에게 당신의 아이가 착한 아이처럼 행동한다면 '내 아이에게 나의 억눌린 감정을 쏟아낸 적은 없는지' 자문해 보셨으면 합니다. 그리고 아이와의 관계를 구축해 가는 과정에서 자주 화를 내거나 짜증을 낸 적은 없는지, 정기적으로 자신을 체크해 보세요. 만일 '아이에게 짜증이나 화를 많이 냈구나'라고 되돌아보게 된다면, 아이에게 마음에서 우러나는 사과를 해 주세요. 잘못된 것을 바로잡고 사과하는 부모(혹은 어른)의 모습은 그걸 바라보는 아이에게도 큰 교훈이 됩니다. 그리고 아이가 부모(혹은 어른)로부터 '변함없는 사랑을 받고 있다'라는 걸 느낄 수 있도록 해줍니다.

28

아이는 '말투의 온도'에 매우 민감해요

　'헐', '대박!', '그래서?', '그게 뭐야?' 등은 일상생활 속에서 자주 말하는 표현들입니다만, 저는 이런 말들을 아이에게 할 때, 목소리 크기나 억양에 꽤 신경을 쓰는 편입니다.

　연습 삼아 '그게 뭐야?' 하고 소리 내어 말해 보세요. 억양의 변화가 없이 끝소리를 쭉 내리깔듯이 '그게 뭐야?' 하고 말하면 꽤 차가운 인상을 줍니다. 반대로 억양의 변화를 주어 끝소리를 경쾌하게 올려 말하면 상대에게 관심을 주는 듯한 따뜻한 인상을 남기지요? 일상에서 자주 쓰이는 말은 목소리를 어떻게 내느냐에 따라 '차가운 말'이 될 때도 있고, '따듯하고 위로가 되는 말'이 되기도 합니다.

　아이는 주변의 평가에 무척 신경을 씁니다. 특히 아직 자신의 정체성이 형성되지 않은 청소년기의 아이는 '주변의 평가가 곧 나 자신'이라고 받아들이기 쉽고, 자신이 부정적으로 평가되는 것을 극도로 두려워하는 경향을 보입니다.

따라서 직접적인 의사소통의 한 방법인 대화에서조차도 '내가 말을 잘못한 건 아닐까?' 염려하고, 주변의 눈치를 살피며 부모(혹은 어른)의 차가운 말투에 민감하게 반응합니다. 그런 중에 부모(혹은 어른)의 차가운 말투가 지속된다면 아이는 숨 막힐 듯한 시간을 보내게 되고, 결국에는 말하는 것 자체를 거부하게 될 수도 있습니다. 반대로 따듯한 말투로 아이를 보듬어 주듯이 이야기를 이어 간다면, 아이는 대화를 나누는 대상(부모 혹은 어른)과 대화하는 행위 자체에 안전함과 즐거움을 느끼게 되어 신이 나서 떠들 거예요. 그러면 대화에 대한 긍정적인 감정이 피어 올라 아이가 스스로 '대화를 나누는' 시간을 점점 늘리게 되겠지요.

아이가 말에서 따듯함을 느낄 수 있도록 만드는 것은 당연히 아이보다 대화할 기회와 경험이 많았던 부모(혹은 어른)입니다. 그렇기에 저는 항상 아이에게 말을 거는 말투 하나하나에도 신경을 쓰고, 정성을 다하는 편입니다.

29

좋은 말이든 나쁜 말이든, 아이는 모두 자기 탓으로 돌립니다

아이는 다른 사람에게 영향을 받기 쉽습니다. 가능한 한 입에 담지 말았으면 하는 욕설을 친구나 동영상, 그리고 부모(혹은 어른)로부터 보고 듣고 내뱉기도 합니다. 아이가 외부로부터 받는 영향력은 생각보다 매우 큽니다. 그렇기에 부정적인 말들은 아이의 머리와 마음에 쌓여 아이가 자기 자신을 향해 내뱉는 말이 되기도 한다는 것을 명심해야 합니다.

예를 들어 볼까요? '뚱보'나 '바보', '죽어 버려'와 같은 말을 아이가 자신에게 내뱉는다면 어떻게 될까요? 외모에 신경을 많이 쓰는 아이라면 '너는 뚱보야'라고 자기 자신의 용모를 비하하거나, 공부에 자신이 없는 아이라면 '너는 바보야, 죽어 버려'라며 자기의 능력과 존재 자체를 비관하게 될 겁니다. 이러한 말들을 아이가 자기 자신을 향해 내뱉는다면, 그리고 그걸 곁에서 듣게 된다면 걷잡을 수 없는 공포에 휩싸일 겁니다.

반면, 부모(혹은 어른)가 사용하는 말들이 모이고 모여 아이를 격려할 수도 있습니다. 사실 부모(혹은 어른)라도 '나는 안 될 것 같아……' 라는 생각에 의기소침해질 때도 있지요. 그때 필요한 건 '힘을 북돋워 주는 긍정의 말'이 아닐까요? '수고했어. 당신 정말 최선을 다했어. 대단해!', '너무 열심히 한 거 아냐? 조금 쉬어 가는 건 어때?'라고 자신을 격려하고, 마음을 위로하며, 잠깐의 휴식을 허용하는 말입니다.

그러므로 가능한 한 우리 아이들에게 '긍정의 힘'을 지닌 말들을 평소 더 많이 해 주길 바랍니다. 긍정의 힘이 있는 말들을 자주 쓰는 부모(혹은 어른) 밑에서 자란 아이들은 곤란한 상황이 닥쳤을 때도 '괜찮아, 나는 이미 잘하고 있어'라면서 높은 회복 탄력성을 보이며, 다시 새롭게 도전할 수 있을 겁니다. 삶이 힘겹고 고통스러운 때에도 '그동안 잘해 왔잖아. 잠시 쉬었다 가는 거야. 난 충분히 다시 해낼 수 있어'라고 자신을 위로하며, 무리하기 전에 제대로 쉰다는 판단을 할 수 있을지도 모릅니다.

그렇기에 무엇보다 소중한 우리 아이에게 말해 주길 바랍니다. '정말 잘하고 있어, 넌 정말 최고야!'라고요.

30

아이를 향한 조바심을 단숨에 없애는 마법의 한 마디

'아이들을 보면서 조마조마한 마음이 들 때는 없나요?'라는 질문을 자주 받습니다. 그럴 때 약간 과장을 섞어서 '3조(兆)번 정도 있었습니다'라고 대답하곤 하지요.

아침 식사를 준비하거나 저녁 식사를 준비하는 바쁜 시간대에 옆에 붙어서 끊임없이 말을 건다든가, 내일 제출해야 할 가정통신문 동의서를 자기 직전에서야 내민다던가, 스마트폰에 빠져 내 얘기는 전혀 듣지 못한다거나……. 저도 신은 아니기에 아이들의 이런 모습을 보고 있자면 속에서 천불이 나지요. 저 또한 이렇게 감정을 조절할 수 없는 사람입니다만, 조바심이 나는 것을 결코 나쁘다고만 할 수는 없습니다. 애당초 이러한 감정을 '좋다' 혹은 '나쁘다'라는 구분을 지을 수가 없기 때문입니다.

다만, 부모(혹은 어른)의 개인감정 때문에 생긴 짜증이나 화를 아이를 향해 내뱉는 것만은 경계해야 합니다. 아이들이 부모(혹은 어른)들의 얼굴색이나 표정 변화로 눈치를 보게 되는 등, 아이들에게 나쁜 영향을 미치게 될 게 분명하니까요. **또한 부모(혹은 어른)가 아이에게 화를 내고 나서 다시 자신을 자책하는 일이 생길 수도 있습니다.**

그렇게 되지 않기 위해서라도 조바심이 생길 때 마음을 가라 앉힐 수 있는 대응법을 소개합니다. 예를 들어 퇴근하고 집에 와서 부랴부랴 저녁 준비하고, 저녁상을 다 차린 뒤에 아이를 불렀습니다. 그런데 아이는 방에서 게임을 하느라 부르는 소리 를 전혀 듣지 못하지요. 그러한 상황에서 초조한 마음을 다잡고 냉정하게 아이를 대하려면 우선 물리적인 거리를 둬야 합니다. 게임에 몰두해 있는 아이를 보고 있자면 속에서 화가 부글부글 끓을 테니 화를 불러일으키는 대상인 아이와 거리 두기를 하는 겁니 다. 가능하다면 아이와 당신을 분리하는 것이 효과적입니다.

그리고 지금부터가 중요합니다. 아이와 거리를 둔 뒤, '마음에 는 천둥 번개가 치더라도 말은 강물처럼 온유하게'라고 마음속으로 세 번 복창해 주세요. '그게 무슨 바보 같은 짓이냐'라고 생각하 겠지만, 일단 진지하게 따라서 마음속으로 말해 주세요. '마음에 는 천둥 번개가 치더라도 입은 강물처럼 온유하게'라는 말을 한 번 곱씹는 동안, 약 2초 정도의 시간이 걸릴 겁니다. 즉 3번을 다 외고 나면 6초쯤 지났을 거예요.

아이와 부모(혹은 어른) 사이에는 고작해야 '6초'밖에 안 되는 이 시간이 얼마나 중요한지 모릅니다. 당신 인생에서 6초를 들여 '마음에는 천둥 번개가 치더라도 입은 강물처럼 온유하게'라고 혼잣말을 하는 것만으로도 당신의 기분을 추스를 수 있게 됩니다. 그리고 그 결과 잠깐이라도 아이와 정신적인 거리를 두게 되고, 활활 타오르던 마음이 조금은 차분하게 가라앉습니다. 어떠한 상황이든 이 방법이 성공할 거라고 장담할 수 없습니다만, 제 경험상 아이와의 충돌 횟수는 확실하게 줄일 수 있습니다.

말이 칼이 되어 아이의 마음을 찔러 버리면 아이는 심리적으로 위축되고, 마음에 커다란 상처를 입을 수 있습니다. '그때, 그런 말을 해 버렸지'라고 후회하고 자책하는 일이 없도록 서슬 퍼런 냉정한 말을 내뱉는 걸 자제하기 위해, 이 방법을 부디 시도해 보세요.

사용하는 말이 꼭 '마음에는 천둥 번개가 치더라도 말은 강물처럼 온유하게'가 아니어도 좋습니다. 마음속으로 되뇌는 데에 6초의 시간이 필요한 말이라면 그 어떤 말이나 주문도 상관없어요. 다만 순간적인 화 때문에 아이 마음에 비수처럼 꽂히는 말을 하는 것은 부모 자신에게 깊은 후회를 남기는 것은 물론, 이후 아이와의 관계가 더 불편해질 뿐이라는 걸 잊지 마세요.

31

아이에게 화가 나는 건
과도한 기대 때문

　부모(또는 어른)는 왜 아이에게 화가 날까요? 많은 경우, 아이에게 '배신감'이 든 순간, 걷잡을 수 없이 화내는 것 같습니다. '내가 이렇게까지 투자하는데, 너는 왜 이런 것도 못 하는 거니?'라는 식의 아이에 대한 '배신감'은, 부모(혹은 어른)가 '아이에 대한 기대'를 크게 가졌는데, '아이가 보인 결과'가 실망스러울수록 자주 느끼지요. 즉 아이에 대한 기대가 클수록 '배신감'은 더 크게 나타나고, 마침내 아이에 대한 분노로 발전합니다.

　어느 부모라도 가능한 한 아이에게 화를 내고 싶지 않을 거예요. 그렇다면 아이를 향한 분노의 시초가 되는 '배신감'을 예방할 수 있어야 합니다. 가장 좋은 방법은 부모가 자신의 감정을 제대로 들여다보고, 자기 자신과 대화를 나누는 것입니다.

　예를 들어, 아이가 방을 엉망으로 지저분하게 만든 것에 대해 화가 나려고 할 때, '잠시 크게 숨을 내쉬어 봐. 그리고 생각하는 거야. 어른도 매일매일 방 청소하기는 귀찮고 힘들어. 그래도 과자봉지는 쓰레기통에 제대로 넣었네. 우리 애가 아주 개념 없는 애는 아니라고. 뭐든 아무 데나 막 버리는 애는 아니잖아? 조금만 참자'라고 구체적인 상황과 감정을 마주해 보고, 자기 자신과 이야기를 나누어 보세요. 그것만으로도 '분노의 시작(아이를 향한 과도한 기대)을 가진 건 나 자신이고, 분노에 휘둘리고 있는 것 또한 나 자신인가?'라고 화가 나는 진짜 이유와 마주하게 됩니다.

부모가 자녀에게 아무 기대도 하지 않을 수는 없습니다. 하지만 부모 스스로 자신이 아이에게 지나치게 큰 기대를 했다는 걸 깨닫는 것은 그렇게까지 어렵지 않습니다. 부디 이 방법을 꼭 시도해 보세요. 부모가 자신의 분노를 제대로 파악하고, 조절하는 데에 좋은 훈련이 될 겁니다.

32

혼내 봐야 '그때뿐'

'아이는 혼나면서 큰다'를 주장하는 훈육 찬성파와 '아이는 사랑으로 커야 한다'라고 생각하는 훈육 반대파가 만나 종종 토론을 벌입니다. 다양한 아이를 겪은 저로서는, '혼내 봐야 그때뿐'이라고 생각하는 중도파이지요.

그렇다고 '절대 혼내면 안 돼! 혼내지 않고 타이르는 편이 효과적!'이라고 주장하는 건 아닙니다. 앞서 말씀드린 바와 같이 아이가 차도에 뛰어드는 등 위험한 상황이 발생했을 때는 눈물이 쏙 나오도록 호되게 야단을 쳐야겠지요. 그러나 아이에게 위험이 닥치지 않은 상태에서는 '혼내 봐야 그때뿐 아닌가?'라고 생각하면서 아이들과 지내고 있답니다.

예를 들어, 숙제도 안 하고 뒹굴며 스마트폰이나 들여다보고 있는 아이에게 '스마트폰에서 내려놓고 어서 숙제해!'라고 소리를 버럭 질렀다고 칩시다. 일단 아이는 스마트폰을 내려놓고 숙제하겠지요. 그 모습에 '역시, 애들은 혼을 내야 말을 듣는다니까!'라고 하겠지만, 이때부터 문제는 발생합니다.

숙제할 생각 없이 스마트폰을 보고 있던 아이가 호되게 혼난 이후에야 숙제하는 행동이 결과가 됩니다. 그러나 이 행동은 아이가 '숙제해야지'라고 자발적으로 판단한 것이 아니라, 외부(어른)의 강요로 '숙제하라!'는 명령을 억지로 받아들인 결과입니다. 즉 아이는 자기의 판단에 따라 숙제하는 게 아니라 숙제해야만 한다는 강요에 몰려 '숙제라는 행위를 하는 것'입니다. 이러한 상황이 매일 반복된다면 마지못해 숙제해야만 한다는 인식이 강해지고, 숙제에 대한 강력한 거부감이 생깁니다. 어른의 '훈육'을 통해 아이의 행동을 반강제적으로 통제하다 보면 아이는 '반드시 해야 하는 명령'을 배우게 되고, 자기 힘으로 자기의 행동을 통제할 수 있다는 것조차 잊어버리게 됩니다.

또 하나 반드시 기억해야 할 것이 있습니다. 그것은 '훈육은 아이를 위한 것이다'라는 훈육하는 부모(또는 어른)의 굳은 확신입니다. 앞서 야단을 맞고 나서야 스마트폰을 보는 대신 숙제하는 아이를 보고는 훈육 찬성파는 '역시 혼이 나야 말을 듣는다'라고 생각하실 거예요. '말을 듣는다'라는 건 '혼이 나야 아이가 변한다'는 성공담이 있기에 나온 결론입니다. 이러한 성공담이 쌓여 '훈육은 필요하다'라는 믿음이 생기고, 다음에 비슷한 상황에서도 또 호된 훈육을 시도합니다.

이런 훈육이 반복되면 아이도 점점 야단맞는 것에 익숙해져서 '스마트폰 내려놓고 숙제해!'라고 잔소리하는 것만으로는 씨알도 안 먹히는 시기가 오게 됩니다. 그러면 야단치는 부모도 '더 호되게 혼을 내야지'라는 생각에 말의 강도나 단어의 선택이 점점 더 날카로워지면서 훈육한다기보다 객관적으로 보면 '길길이 날뛰며 악담을 퍼붓는 것'이 될 수 있지요. 그뿐만 아니라, 아이가 부모(혹은 어른)의 잔소리를 무시하는 듯한 시기가 되면, 부모(혹은 어른)는 훈육이라는 이유로 아이에게 손찌검할 가능성도 생기게 됩니다.

'훈육'이란 행위는 어디까지나 '아이가 바르게 자라기를 바라는' 부모(혹은 어른)의 바람에서 시작됩니다. 따라서 차분하고 온화한 말투로 왜 행동을 바르게 해야 하는지, 그 행동이 그 아이의 미래에 어떠한 영향을 미치게 될지 차근차근 설명해 줘야 합니다.

분명 '그렇게 해서 어느 세월에 잘못을 바로잡는다는 말이냐?', '아이를 버릇없이 키우라는 거냐?'라며 반대 의견을 내놓는 분들도 있으시겠지요. 그러나 아이가 스스로 자라나는 힘을 믿고 있다면, '타일러 가르치는' 것이 우선시 되어야 할 것입니다. 아이는 '자기 조절'을 할 수 있는 힘을 분명하게 지니고 있습니다. 그리고 그 힘을 지금도 쭉쭉 뻗어 나가는 중이고요.

따라서 "너는 충분히 네 행동을 바꿀 힘이 있단다. 그러니 지금 네가 하는 행동 중에 잘못된 게 있는지 한번 생각해 보겠니? 어떻게 하면 좋을지 말이다."라고 부모(혹은 어른)로서 부탁해 보는 건 어떨까요? 가능한 온화한 목소리로 다정하게 타이르듯이 말입니다.

아이가 말을 듣지 않는다고, 매일 혼을 낼 필요가 있을까요? 반대로 생각해 보면 매일 혼만 내는 사람의 말을 아이가 듣고 싶을까요? 가능하면 부모는 '항상 화를 내고 혼내는 사람'이 아니라 '화를 거의 내지 않는 사람'이 되는 것이 좋습니다. 그래야 어쩌다 아이가 부모에게 혼이 나더라도 '이렇게 야단을 치다니 내가 정말 잘못했나 보다'라고 생각할 수 있는 건전한 관계가 되지 않을까요?

33

물건을 잃어버렸다고
다그치면 아이는
자신을 책망합니다

살면서 단 한 번도 물건을 잃어버린 적이 없는 사람이 있을까요? 아마 없을 겁니다. 그런데 학교나 병동 현장에서 아이들이 물건을 잃어버리는 것에 대해 유독 엄격한 잣대를 들이대는 어른들의 모습을 보게 됩니다. '어쩌다 잃어버린 거야?'라고 다그치거나 '다시는 잃어버리지 않도록 조심해!'라고 약속을 강요합니다.

'물건을 잃어버린 건 전적으로 네 잘못'이라는 생각으로 아이를 몰아붙이는 것은 잘못되었다고 생각합니다. 물론 준비물을 잘 챙겨 오지 못하면 선생님께 혼날 수도 있고, 수업을 제대로 참여할 수 없는 등의 불이익이 생기겠지요. 내 아이를 위해서 '물건을 잃어버리는 건 잘못된 행동'이라고 말하는 부모(혹은 어른)의 마음도 충분히 이해할 수 있습니다. 그러나 '물건을 잃어버리는 건 절대 용서할 수 없는 일'이라고 다그친다면 어떻게 될까요? 아이는 '물건을 잃어버리는 건 나쁜 짓'이라 단정 짓고, '내 물건을 잘 챙기지 못한 내가 나쁘다'고 자신을 책망하게 됩니다.

중요한 건 '물건을 잃어버리면 어떻게 해야 할까'라든가 '잃어버리지 않으려면 어떻게 단속해야 할까'가 아닐까요? '물건은 누구라도 잃어버릴 수 있는 것'이라는 생각을 전제로 '물건을 잃어버렸을 때, 어떻게 행동해야 할까?'를 아이들과 함께 생각해 보세요. 또한 물건을 잃어버린 뒤에도 아이가 학교생활에서 뒤처지지 않고 수업에 참여할 수 있도록 여러 가지 방법을 알려 주는 것이 중요합니다.

부모(혹은 어른)는 어떠한 상황에서도 '아이가 당황하지 않도록' 마음을 씁니다. 그렇기에 어릴 때부터 물건을 잃어버리지 않도록 엄격하게 가르치는 건지도 모릅니다. 하지만 잘 생각해 보세요. 여러분은 물건을 잃어버리거나 약속을 깜빡한 적이 단 한 번도 없었나요? 저는 오늘 아침만 해도 재활용 쓰레기를 버린다는 걸 깜빡했습니다. 따라서 물건을 잃어버리는 것은 비단 아이들만 하는 행동이 아닙니다. 누구라도 깜빡할 수 있어요, 저도, 당신도요.

34

아이가 말을 잘 듣게 하려면
대화법을 바꿔 보세요

아이에게 몇 번을 말해도 말을 듣지 않는다면, 속이 부글부글 끓어오르기 시작합니다. 그럴 때 부모가 '아이가 알아듣기 쉽게 말하고 있는지' 객관적으로 생각해 보세요. 예를 들어 아이가 '저녁 8시에 씻는다'라는 약속을 지키지 않았을 때 부모는 어떻게 행동하고 있는지 말입니다.

아이가 겁에 질릴 만큼 무서운 말투로 지시하고 있지는 않나요?

▶ 위협이 될 만큼 큰 목소리로 말하면, 아이는 안절부절하고 귀도 마음도 닫아 부모(또는 어른)의 이야기를 들어줄 여유가 없어집니다. 아이가 두려워하지 않도록 부드러운 어조로 말해 주세요.

아이가 다른 것에 집중하고 있는데, 무리하게 말을 들으라고 강요했나요?

▶ '잠시 이야기를 들어주면 좋겠는데, 집중 좀 해 주겠니?'라고 부탁하고, 아이가 고개를 돌려 부모(또는 어른)를 쳐다본 다음, 이야기하는 건 어떨까요?

아이의 눈높이에 맞는 단어로, 구체적으로 상황을 설명하고 있나요?

▶ '시간 다 됐다, 어서 해!'라고 말하면 아이는 무슨 시간인지, 무엇을 해야 하는지 모를 수도 있습니다. 아이의 눈높이에 맞는 단어를 사용해서 구체적으로 '8시가 됐어. 이제 씻으러 갈 시간이야'라고 말해 보세요.

이런 식으로 아이가 이해하기 쉽게 전달하는 방법을 궁리하다 보면 아이가 이해하기 쉬운 화법이 무엇인지 알게 되고 자연스레 입에 붙게 될 거예요. 그럼 초조한 마음이 사그라지고, '도대체 몇 번을 말해야 알아듣는 거야!'라고 아이를 향해 화를 내는 일도 점점 줄어들게 될 겁니다.

35

약속을 어긴다면
약속을 바꾸면 될 일입니다

집에 오는 시간이나 용돈, 스마트폰이나 게임의 제한 시간 등 '규칙'을 아이가 지키지 않아 '약속한 거 잊었니?'라고 화를 낸 경험이 부모(혹은 어른)라면 누구라도 있을 거예요. 그리고 화를 낸 결과, 아이가 또다시 약속을 어기거나 몰래 숨어서 약속을 어기면 또 '약속 안 지킬래!'라고 무섭게 화를 내고……. 어째서 이런 상황까지 되었을까 생각해 보면 '아이가 지키지 못할 약속을 하는' 경우가 꽤 있습니다. 예를 들어 '중학생이 됐으니까 방 청소는 스스로 한다', '게임은 하루에 1시간만 하는 걸로 한다'와 같은 어딘가에서 본 듯한 규칙을 그대로 적용한다면, 그것을 제대로 지킬 아이는 거의 없습니다.

'어쨌든 간에'라는 식으로 부모(또는 어른)가 정한 규칙은 아이의 상황을 고려하지 않았을 뿐더러, 아이의 생각은 깡그리 무시한 사항들입니다. 그러다 보니 아이는 도저히 약속이 납득되지 않습니다. 게다가 '아이가 지키지 못할 약속'을 부여하면 아이는 아무리 노력해도 그 약속을 지키지 못하고, 당연히 '약속을 지켰다'는 작은 성공 체험을 쌓는 것도 힘들겠지요. 어디 그뿐일까요. '약속을 지키지 못했다'는 실패 경험이 쌓이다 보면 '약속을 지키지 못한 내가 나쁘다'고 자학에 빠질 수도 있습니다. 이는 결국 약속 때문에 아이가 자신감을 잃어버리는 상태로 이어질 위험이 있으므로 반드시 주의를 기울여야 합니다.

'아이가 약속을 지키지 못하는' 상황이 됐을 때, 아이를 돌보는 부모(혹은 어른)는 '아이가 지킬 수 없는 약속을 강요했나?' 자문해 봐야 합니다. 그리고 만일 지킬 수 없는 약속을 일방적으로 강요한 거라면 아이의 의견을 적극적으로 받아들여 '아이가 지킬 수 있는 약속'을 함께 만들기 바랍니다.

그렇다면 아이와 약속을 만들 때 주의해야 할 사항에는 무엇이 있을까요?

우선 '어떤 약속이라면 지킬 수 있는지'에 대한 의견을 서로 주고받아야 합니다. 기본적으로는 아이가 쉽게 지킬 수 있는 사항을 중심으로 하되, '조금 노력하면 지킬 수 있는' 도전적인 조항을 한두 가지를 추가합니다. 앞서 언급했던 바와 같이 '지금까지는 가능한 모든 것을 부모(혹은 어른)가 알아서 해 줬지만, 앞으로는 스스로 해결해 본다'라는 경계선을 생각해 두는 것을 추천합니다.

주의점도 있습니다. 부모(혹은 어른)가 의견을 너무 많이 내거나 아이가 지킬 수 없는 어려운 조항을 넣는다면, 아이는 '어차피 부모님이 알아서 정한 것'이라고 무력감을 느낄 겁니다. 반드시 아이의 의견을 적극적으로 수렴해 주세요. 처음부터 완벽하게 약속을 잘 지킬 수 있는 아이는 없습니다. 그러므로 '약속은 서서히 지켜나가는 것'이라는 생각으로 서로의 의견을 조정하는 것이 무엇보다 중요합니다.

그리고 약속 사항을 정한 다음으로 중요한 것은 '지키지 못한 약속을 방치하지 않는다'는 것입니다. 아이가 약속을 지키지 않았다는 것을 알면서도 이렇다 할 조치를 하지 않은 채 그대로 둔다면 아이에게 '약속'의 가치를 떨어뜨리는 결과를 불러옵니다. 따라서 약속 사항을 함께 만드는 것으로 끝나는 게 아니라, 약속 사항이 잘 지켜지고 있는지 서로 정기적으로 살펴봐야 합니다.

더불어 매일의 생활 속에서 아이가 약속을 잘 지킨다면, 얼마나 잘 지키고 있는지 확인해 주고, 반드시 그에 따른 칭찬과 보상을 해 주세요. 약속을 지키지 못했을 때만 '약속 잘 지켜!'라고 부모로부터 지적 받는다면 아이는 금세 싫증을 낼 테니까요. 약속을 지켰을 때 '약속을 잘 지키는 네가 정말 자랑스럽다, 정말 최고야!' 하고 크게 칭찬해 주세요. 이러한 작은 성공들이 쌓여 감에 따라 아이는 '나는 약속을 잘 지키는 사람이다'라는 자신감을 가질 테니까요.

아이와 함께, 아이에게 맞는 약속을 정하기만 해도, 아이는 난생 처음 자발적으로 '약속을 지키고 싶다'라는 생각이 들 것이고, 그것을 차근차근 수행할 것입니다. 그러나 '지키기 힘든 약속'을 일방적으로 정한다면, 약속을 지켜야 할 근거가 없고 '사소한 약속도 지키지 않는 아이'란 오명을 안은 채 성장하게 될 거예요. 지키기 힘든 약속을 일방적으로 결정할 거라면 애당초 아이와의 약속을 만들지 않는 편이 더 낫습니다.

36

'잔소리'를 참으면
반드시 보상이 따릅니다

앞서 Chapter 1에서 쓸데없는 잔소리에 대해 말씀드렸습니다. 가령 "그러니까 내가 전에 말했지!", "다른 애는 다 잘한다던데?"처럼 굳이 안 해도 될 이야기를 꺼내면 아이와 관계가 악화될 수밖에 없다는 걸 다들 잘 알고 계시지요? 그러나 아이와의 관계에서 무언가를 '참는다'는 것은 '눈에 보이지 않은 노력'이므로, 동기 부여를 하기 어려운 것 또한 사실입니다.

'잔소리하지 않기'를 일종의 게임처럼 해 보면 어떨까요? 그동안 제가 연구해 온 방법들을 알려 드리겠습니다.

제가 실행하고 있는 것이기도 한데요, '잔소리할 만한 것들이 하나하나 눈에 들어오지만, 그것들을 말하지 않을 때마다 1포인트, 10포인트를 쌓으면 최고급 아이스크림 먹기'라는 방법입니다. 이것은 제 경험상, 생각보다 큰 효과가 있었습니다. 물론 조건은 각자 원하는 대로 정해도 됩니다. 10포인트가 너무 크다면 5포인트로 줄

여도 좋고, 보상으로 최고급 아이스크림을 대체할 만한 소소한 사치품을 골라도 좋겠지요.

이 게임을 시작했다면 아이에게 잔소리하고 싶은 상황이 포인트를 얻을 기회가 됩니다. 한번 꾹 참고 있다가 메모장이나 스마트폰에 원하는 방식으로 포인트를 쌓아 보세요. 스스로 설정한 포인트까지 도달했다면 이제 보상을 받을 차례입니다. 그리고 인내의 보상을 받을 때는 '수고했다. 잔소리를 10번이나 참았어. 이 정도면 나라에서 훈장이라도 줘야 할 거야!'라고 자기 자신에게 아낌없는 격려를 해 주세요.

이 방법은 '지금까지 최선을 다한' 자신을 되돌아보고 칭찬할 수 있다는 점이 가장 매력적입니다. 또한 배우자와 포인트 경쟁을 하는 것도 추천합니다. 입이 간지럽게 하는 잔소리를 참는 것만으로 아이와의 관계가 좋아지고, 나 자신에게 선물을 할 수도 있는 방법이지요. 아이를 위해서만이 아니라, 나 자신을 위해서라도 잔소리를 줄이는 나만의 방법을 찾아보는 건 어떨까요?

37

부모의 가치관을 내려놓고
아이의 입장이 되어 봅시다

'아이의 입장이 되어 본다는 것'이 왜 중요할까요? 그것은 아이가 무슨 생각을 하는지 이해할 수 있도록 하고 '아이의 시점에서 부모(혹은 어른)가 어떻게 보일지' 상상해 볼 수 있고, '내 행동이 아이에게 어떻게 비칠지' 알 수 있습니다.

저는 아이의 입장이 되어 본다는 것은 '일단 내 생각과 판단 기준을 배제하고, 아이들의 생각에 순수한 마음으로 다가서는 것'이라고 생각합니다. 따라서 아이들의 입장이 되어 보려면 우선 '어른인 내가 가진 생각과 가치 판단을 의심하는 힘'이 필요합니다. 부모(혹은 어른)는 수십 년간의 경험이 축적되어 각자 나름의 가치관이 형성되어 있습니다. 그리하여 자신의 확고한 가치관에 따라 아이들의 언행을 판단하고, '어째서 이렇게 생각하고 행동하는 거지?'라며 부정적으로 다그치기 쉽습니다. 그러나 지금, 현재를 살아가는 아이들의 세상은 부모가 어렸을 때와는 전혀 다른 세상이라는 걸 잊어서는 안 됩니다.

가령, 아이가 갑자기 '오늘부터 저녁 안 먹을 거야!'라고 말한다면, 부모라면 '뭐야? 삼시 세끼를 제때 잘 먹어야지!'라고 일단 아이의 생각을 비판하고 언짢은 말들을 쏟아내겠지요. 그러나 이 말을 꺼낸 아이의 입장이 되어 보기 위해서라도 '저녁은 꼭 먹어야 하는 것'이란 부모의 가치 판단을 내려놓고, '이 아이가 왜 저녁을 먹지 않겠다고 하는 거지?'라고, 아이가 내뱉은 말의 이면을 생각해 볼 필요가 있습니다. 아이는 '다이어트'를 생각하고 있을 수도 있고, 학교에서 외모에 관련된 안 좋은 이야기를 들었을지도 모릅니다. 이러한 사정이 있을 가능성을 열어 두고, 아이의 의견대로 한 끼 정도 저녁을 먹지 않게 합니다. 저녁 식사 시간이 조금 지난 뒤에 '왜 저녁을 먹지 않기로 했어?'라고 일단은 아이의 생각과 기분을 물어보아야 합니다.

38

아이들이 극혐하는 말
"그만한 일로"

부모(혹은 어른)가 말버릇처럼 아이들에게 쏟아내는 '그만한 일로 삐쳐 있을 거야?', '그만한 일로 운 거야?'의 '그만한 일로……' 시리즈. 저는 이 말만큼은 아이들에게 해선 안 된다고 생각합니다.

부모(또는 어른)가 회사 일이나 집안일로 우울해하고 있는데, 누군가가 '뭐 그만한 일로 축 처져 있어!'라고 한마디 한다면 어떤 기분이 들까요? 아마 맞서 싸울 기세로 '네가 뭘 안다고 그래!'라면서 버럭 화를 내지 않을까요? 그런데도 아이에게는 쉽게 '그만한 일로'라고 말해 버리는 건 무슨 이유일까요? 그건 어른의 경험을 기준으로 아이가 고민하는 상황을 '대수롭지 않은 일'로 평가하고 있기 때문입니다.

하지만 아이는 그 말을 어떻게 받아들일까요? 가령 친구와 크게 싸우고 울면서 돌아온 아이에게 '그만한 일로 우는 거 아니야'라고 말한다면, 아이에게는 죽을 만큼 힘든 감정이 무시됐다고 생각할지도 모릅니다. 실제로 그 아이에게 필요한 건 가능한 온화한 목소리로 '무슨 일이야'라고 물어 주고, '친구와 싸워서 슬펐구나', '그 친구랑 화해하지 못할까 봐 걱정돼서 그래?'라고 마음을 보듬어 주는 것입니다. 마치 쿠션처럼, 아이가 몸과 마음을 안심하고 기댈 수 있게끔 말이지요. 그리하여 아이는 '내 마음을 알아주는 위로'를 받고, '감정에 공감해 주었다'는 강한 안도감이 들겠지요.

'그만한 일로' 시리즈는 '그만한 일로 ○○○하면 나중에 뭐가 되겠니?'라는 의미로 바뀌어 아이에게는 부모(혹은 어른)의 불안의 표현으로 받아들일지도 모릅니다. 그러나 우선은 아이가 지금 느끼고 있는 감정을 잘 헤아려 주길 바랍니다. 어른의 눈으로 본 '그만한 일'이 아이에게는 '일생일대의 중요한 일'일지도 모르니까요.

39

장래 희망을 집요하게 물어보는 건 아무런 의미가 없어요

누군가가 "석 달 뒤에는 저녁으로 뭐 먹고 싶어?"라고 집착하듯이 물어본다면 당신은 어떻게 대답하시겠습니까? 아마도 "그야, 그때가 돼 봐야 알겠지?"라는 식으로 적당히 대답하겠지요. 저는 '아이들에게 장래에 어떤 사람이 되고 싶은지 물어보는 것'은 '석 달 뒤에는 저녁으로 뭘 먹고 싶어?'라고 묻는 것과 같은 의미의 질문이라고 생각합니다.

현재를 살아가는 아이들은 우리가 아이였을 때와 비교하면 훨씬 더 많은 정보에 노출되고 있습니다. 그러다 보니 '장래 희망=하고 싶은 일'이라는 생각 자체를 고루하게 받아들입니다. 어떤 아이들은 이미 '장래 희망이 뭐야?'라는 질문에 진저리를 치기도 합니다.

요즘 아이들에게 '장래 희망'은 단순히 '직업'을 뜻하는 것이 아닌, 꽤 넓은 의미로 두루 사용됩니다. 실제로 교육 현장에서 '장래 희망'을 주제로 과제를 내는 경우가 많다 보니 '구체적인 꿈이 없으면 안 되는 건가?'라고 부담감을 느끼는 아이도 적지 않습니다.

부모(혹은 어른)들도 어린 시절을 되돌아볼까요? '장래 희망'에 대해 숱하게 질문을 받지 않았나요? 그리고 사실은 장래에 어떤 사람이 되고 싶은지 집요하게 물어보는 게 얼마나 의미 없는 일인지, 부모(또는 어른)가 잘 알고 있을 거예요. 중요한 것은 장래 희망이 있는지 없는지를 묻기보다 아이가 자신의 미래를 긍정적으로 생각하도록, 이 순간을 즐겁게 살아가는 어른의 모습을 아이들에게 쭉 보여 주는 편이 좋지 않을까요?

만일 아이에게 장래 희망을 물어야 할 상황이 온다면, 아이들의 대답에 토를 달지 말고, 일단은 그 아이의 마음을 고스란히 받아 주세요. '물고기가 되고 싶어'라고 말한들, 어떻습니까? 부모(혹은 어른)는 자기가 아이를 잘 키우고 있다는 안도감을 얻기 위해 '장래 희망'에 관한 질문을 하는 것은 아닐 테니까요.

40

아이가 인사를 하는 건
큰 용기가 필요한 행동입니다

아이에게 '인사를 똑바로 해야지!'라고 지적하는 분들은 가슴에 손을 얹고 생각해 보세요. 나 자신은 얼마나 인사를 잘하고 있는지요. 아이에게 '인사는 중요하다'고 귀에 딱지가 앉을 만큼 말하지만, 정작 부모(혹은 어른)가 인사를 안 하고 지나치는 경우는 꽤 많습니다.

게다가 부모(혹은 어른)는 인사를 하는 것 자체가 자연스러운 일이 되었지만, 사실 인사를 한다는 것이 얼마나 용기가 필요한 일인지는 잊어버린 것 같아요. 상대방을 먼저 알아차리고, 때와 장소를 고려하여 작지도 크지도 않은 목소리로 인사를 한다는 것, 이것은 꽤 복잡한 행동 패턴인데 어린아이가 어떻게 매번 부모(혹은 어른)가 원하는 정도로 잘 해낼 수 있겠습니까.

제가 말씀드리고 싶은 건 '아이가 먼저 나서서 인사를 한다는 건 당연한 일이 아니다'라는 것입니다. 인사를 하는 아이 중에는 '인사하면 받아 줄까?'라는 기대심과 '내가 제대로 인사를 했나?'라는 의구심이 동시에 들기 마련이고, 그 모든 감정을 뛰어넘는 용기를 쥐어짜서 고개를 숙이고 인사를 하는 것입니다. 따라서 아이가 인사를 해 오면 꼭 인사를 하는 아이 쪽으로 몸을 돌려 인사를 받아 주세요.

그리고 아이뿐 아니라 배우자, 학교 선생님, 이웃, 가게의 점원 등 아이 앞에서 여러분이 먼저 인사를 하는 모습을 자주 보여 주세요. 부모(혹은 어른)가 먼저 인사하는 모습을 보인다면 아이는 그 모습을 보고 따라 할 것입니다.

마지막으로 하나 더 부탁드릴 게 있습니다. 인사를 제대로 하지 못하는 아이에게 '인사를 제대로 해야지'라고 다그치지 말아 주세요. 만일 쭈뼛거리면서 인사를 제대로 못한다면 '인사를 못하는 날도 있지'라고 마음속으로 되뇌고, 여러분이 먼저 인사하는 모습을 보여 주세요. 만일 인사를 했는데도 아이가 다시 인사하지 않았다고 해도 너무 크게 걱정할 필요는 없습니다. 그 아이는 지금 한창 인사 연습을 하는 중이고, 어쩌면 마음속으로는 이미 당신을 향해 인사를 하고 있을지도 모릅니다.

41

아이는 어른의 행동을
감시하듯 보고 있습니다

이윽고 꽃가루의 계절이 찾아왔습니다. 저는 유독 꽃가루 알레르기가 심해서 한번은 간호사실 안쪽에서 눈약을 넣고 눈물을 훔치고 있었습니다. 그렇게 벌게진 눈으로 간호사실에서 나왔을 때, 한 아이가 걱정이 가득한 표정으로 제게 말했어요.

"고도칸 선생님, 무슨 슬픈 일이라도 생겼어요?"

저는 순간 '아이들은 어른의 일거수일투족을 하나도 빠짐없이 보고 있구나'라고 절실히 느꼈습니다. 아이는 부모(혹은 어른)들이 생각하는 것 이상으로 어른들의 모습을 살피고, 언행을 진지하게 추측합니다. 물론 그 추측이 조금 빗겨날 때도 왕왕 있습니다. 조금 전 제 상황에서도 보통의 어른들이라면 '눈에 안약을 넣었나?'라고 넘어갔을 거예요. 그러나 아이의 시선으로는 눈물이 고인 눈을 보고 '뭔가 슬픈 일이 생겼다!'라고 전혀 다른 상황을 떠올린 거지요.

아이들은 상대의 상황을 생각해 보는 경험이나 알고 있는 정보량이 어른보다 현저히 적어 이처럼 조금 상황에 맞지 않게 추측하는 경우가 많습니다. 그렇기에 아이가 조금 다른 이야기를 꺼내더라도 '틀렸다'고 곧장 지적하는 것이 아니라 '아까 눈물이 고였던 건 눈이 가려워서 안약을 넣어서 그래. 딱히 슬픈 일이 있었던 건 아니야'라고 행동의 이유를 구체적으로 설명해 주세요. 그러면 아이는 '아, 그랬구나. 내가 생각했던 것과 달랐구나'라고 자신의 잘못된 추측에 무안할 일도 없고, 틀렸음을 이해하게 됩니다. 그리고 이러한 잘못된 추측을 수정하는 과정을 반복하다 보면 상대방의 상황을 생각하는 능력도 기를 수 있습니다.

생각지도 못한 아이의 질문에 '그런 거 아니야!'라고 반론을 제기하기보다, 그때야말로 아이가 성장할 수 있는 기회라는 것을 기억하세요. 그 기회를 어떻게 살리느냐는 당신이 어떻게 반응하느냐에 달렸습니다.

42

아이의 행복을 원한다면 내가 지금 행복한지 되돌아보세요

제가 보호하는 아이 중에는 '아빠 어깨가 축 처져 있어요', '엄마는 늘 짜증내요', '아빠는 매일매일 바빠요'라고 자신의 부모(혹은 어른)가 얼마나 힘겨운 상황에 놓여 있는지 한탄하며 걱정하고 있는 아이들이 꽤 있습니다.

양육을 책임지는 보호자들은 자신을 희생하며 아이를 키우고 있습니다. 일본에는 맞벌이 세대가 전체의 70%를 넘겼고(2022년 기준), 지역별로 아이를 돌봐 주는 시설들은 점점 줄어들고 있는 데다, SNS에서는 '부모(혹은 어른)라면 ○○○해야 한다' 등의 교육 지침들이 성행하고 있습니다. 그런 중에 자신의 시간이나 여가 따위는 돌볼 겨를도 없이, '아이를 위해서라면' 몸과 마음을 다해 최선을 다하는 보호자들도 많이 만납니다.

그러나 부모(혹은 어른)가 아이의 행복을 바라는 것처럼 아이들도 당신의 행복을 기원하고 있다는 걸 잊지 말아 주세요. 아이들의 행복을 바라는 것은 멋진 일이라고 생각합니다. 그러나 육아는 장기전이에요. 아이를 위해 자신의 여가 시간을 줄인다면 그만큼 웃음을 잃어버리는 것과 같습니다. 누구에게도 내 아이에 관한 상담을 할 수 없는 상황이 지속된다면, 불안하여 비롯되는 경직된 표정이나 행동이 그대로 드러나게 될 거예요. 지쳐 있는 당신의 모습을 아이들이 본다면, 진정으로 그 아이는 행복감을 느끼며 자랄 수 있을까요?

혹시라도 '아이에 대한 미안함과 죄책감'으로 자신에게 여유를 주는 것에 거부감이 있는 분이 있을지도 모릅니다. 그러나 잊지 말아야 할 것은 당신이 즐거워하는 모습을 본 아이는 당신의 감정을 고스란히 전달받아, 당신이 느끼는 만큼 행복해질 수 있습니다. 그리고 당신의 긍정적인 모습을 본 아이는 '나를 소중하게 생각하는 마음'의 중요성을 배우게 됩니다. 부모(혹은 어른)가 자신의 노력을 칭찬하는 것이야말로 아이도 자신을 칭찬할 수 있게 해 줍니다. 그러므로 부디 여러분, 현실에 쫓겨 너무 아등바등하지 말고, 나 자신을 한번 되돌아보세요.

'신나게 뛰노는 부모의 모습'에서
얻는 아이의 자신만만함

아이들과 어울려 놀다 보면 꽤 많은 이점이 생깁니다. 같은 놀이를 하며 '좋다', '기쁘다', '즐겁다', '분하다'와 같은 감정을 공유할 수 있고, 놀이를 통해 규칙을 지키는 즐거움도 배울 수 있습니다. 예를 들어, 숨바꼭질할 때는 규칙을 만들고 지킴으로써 놀이가 한층 더 즐거워지는 경험을 하고, 이는 아이들의 사회성을 기르는 데에도 큰 도움이 됩니다.

아이를 양육하는 보호자라면, 가능한 아이들과 신나게 놀아 주세요. 아이와 같이 노는 것보다 더 중요한 것은 없으니까요. 하지만 아이들과 놀다 보면 오히려 어른이 먼저 체력이 고갈되어 버립니다. 어디 그뿐인가요? 다음날에까지 영향을 미치는 경우가 허다합니다. 저도 병동에서 아이들과 축구, 장기, 씨름, 보드게임을 줄기차게 한 다음, 피곤에 지쳐 돌아오는 나날을 경험해 온 터라 그 마음을 충분히 이해할 수 있습니다.

그런데 말입니다, 어찌 된 일인지 아이들은 우리 어른들이 신나게 노는 걸 보고 있으면 행복한 기분에 차오르는 것 같아요. 실제로 병동 안에서 아이들과 함께 지내며 신나게 놀고 난 뒤, 아이들에게 놀이에 대한 감상을 물으면 십중팔구 "◯◯선생님이 깜짝 놀라서 이상한 소리를 냈어요"라든가 "◯◯선생님, 그때 엄청 황당했을 걸요!"와 같은 식으로 '재미있었던 어른들의 반응'을 들려줍니다.

제 생각에는 아이들이 부모(혹은 어른)가 신나게 노는 모습을 보며 '나는 엄마 아빠에게(이러저러한 반응을 보일 만큼) 꽤 큰 영향을 미치고 있다'라는 자신만만함과 '이 자리에 함께 있을 수 있어서 다행이다'라는 안도감을 느끼는 건 아닐까 싶습니다.

부모는 아이와 놀고 난 후, 악 소리가 날 정도로 지쳐서 제자리에 털썩 주저앉게 됩니다. 아니, 계속 야근한 것처럼 피로감이 쌓이지요. 그러나 아이들에게 큰 기쁨과 안도감을 안겨 주는 피로감이라면, 부모(혹은 어른)로서 어느 정도는 감당해야 하지 않을까요.

Chapter 4

아이의 마음을 지켜 주기
위해 꼭 알아 둬야 할 것

아이가 도움을 요청할 때, 우리는 그 요청을 어떻게 알아채야
할까요? 또 아이의 마음과 자존심을 지켜 주기 위해서는 어
떻게 도와줘야 할까요? 사소한 SOS라도 재빨리 알아차리는
방법부터 자해를 시도한 아이의 고백을 어떻게 받아들이고
대응해야 할지까지, 전문적인 지식을 더해 소개합니다.

아이의 SOS 요청을
빠르게 알아차리는 방법

생각 외로 아이들은 부모(혹은 어른)에게 도움을 요청하기 어려워합니다. 그러나 아이들의 마음을 지켜 주기 위해서는 부모(혹은 어른)가 먼저 아이들의 도움 요청을 재빨리 알아차려서 사태를 확인하고, 민첩하게 이렇다 할 해결 방법을 찾아 행동으로 옮기는 것이 무척 중요합니다.

아이들의 도움 요청을 눈치채기 위해서는 일상에서 아이들 곁을 지키는 부모(혹은 어른)가 '평소와 뭔가 다르다'라는 어색함을 느끼는 것이 결정적 단서로 작용합니다.

다음은 아이들의 도움 요청 사인으로 '많아졌다', '줄었다', '강해졌다(혹은 세졌다)', '약해졌다(혹은 못한다)'의 4가지 카테고리로 나눠 구체적으로 어떤 사인이 있는지 아이들의 마음을 알아보겠습니다.

다만 이러한 도움 요청을 알고 있는 것만으로는 아이의 마음을 알아차릴 수 없습니다. '도움 요청 사인을 아는 것'과 '도움

아이의 도움 요청 사인

많아졌다	줄었다
달라진 행동 ·성적인 발언이 많아졌다 ·분실물이 많아졌다 ·스킨십이 많아졌다 ·말대꾸가 많아졌다 ·통증을 호소할 때가 많아졌다 ·사과하는 일이 많아졌다 ·혼잣말이 많아졌다 ·눈을 껌뻑거리는 횟수가 많아졌다 ·이불에 실수하는 일이 많아졌다	**달라진 행동** ·웃는 일이 줄었다 ·말수가 줄었다 ·식사량이 줄었다 ·체중이 급격히 줄었다 ·수면 시간이 줄었다 ·노는 시간이 줄었다 ·머리숱이 줄었다(탈모가 생겼다) ·눈썹 숱이 줄었다(눈썹에도 탈모가 생겼다)
속뜻 '평소보다 ○○가 많아졌다'는 건 아이의 간절한 도움 요청일 가능성이 큽니다.	**속뜻** '평소보다 ***가 줄었다'는 건 아이의 상태를 주의 깊게 관찰하지 않으면 쉽게 알아차리기 힘든 도움 요청입니다.
강해 졌다	**약해 졌다**
달라진 행동 ·연필을 쥐는 힘이 강해 졌다 ·어조가 강해 졌다 ·이를 악무는 힘이 강해 졌다 ·문을 열고 닫는 소리가 강해 졌다 ·선입견이 강해 졌다 ·욕구가 강해 졌다	**달라진 행동** ·연필을 쥐는 힘이 약해 졌다 ·밤에 쉽게 잠을 이루지 못한다 ·말투가 약해 졌다 ·소화력이 약해 졌다 ·일교차에 약해 졌다 ·묻는 말에 대답이 약해 졌다 ·미는 힘이 약해 졌다 ·욕구가 약해 졌다
속뜻 '평소보다 ***이 강해 졌다(세졌다)'는 건 표면적으로 나오기 쉬운 도움 요청입니다. '왜 저러지?'라고 생각된다면 가능한 한 빨리 아이와 이야기를 나눠 보세요.	**속뜻** '평소보다 ***이 약해 졌다(못한다)'는 건 눈에 띄지 않는, 알아보기 어려운 도움 요청입니다. 일단 신경이 쓰인다면 신속히 아이와 이야기를 나눠 보세요.

요청을 알아차리는 것’의 사이에는 생각보다 커다란 간극이 있기 때문입니다. 그리고 여러분이 꼭 알아 둬야 하는 건 어떻게 해야 아이의 도움 요청을 알아차릴까 하는 것입니다.

앞서 이야기한 것처럼 아이들의 도움 요청 사인에서 확인할 수 있는 기준은 ‘평소보다’라는 전제하에 각각의 의미를 살펴봐야 합니다. ‘평소보다 식사량이 줄었다’, ‘평소보다 문을 열고 닫는 소리가 커졌다’, ‘평소보다 아침에 일어나지 못한다’와 같이 아이의 상태를 지켜보고 ‘역시 평소와는 확연히 다르다’라는 것이 판명된다면, 아이는 꽤 절박한 상태에 다다랐을 가능성이 큽니다.

즉 아이의 평소 생활 방식을 파악하여 ‘평소와의 차이’를 확인하고, 아이의 도움 요청에 응하는 방법입니다. 아이의 생활 방식을 모르고 있다면 ‘평소와의 차이’를 알 수 없으므로 아이의 도움 요청을 알아차리기 어렵다고 말할 수 있겠지요.

이쯤에서 제가 말씀드리고 싶은 건, 아이의 도움 요청을 제때 확인하기 위해서는 보호자 여러분은 물론이거니와 아이와 함께 생활하는 학교 선생님과 학원 선생님 등 아이를 둘러싼 어른들이 아이의 평소 생활 방식을 잘 알고 있어야 합니다.

또한 앞의 표에 있는 도움 요청 사인에 해당하지 않다고 해서 '우리 아이는 괜찮다'라고 안심할 수 없습니다. 이 표에 소개한 것은 제 경험에서 비롯된 극히 일부에 불과합니다. 제가 여러분의 아이를 직접 보고 만든 표가 아니기에 어디까지는 이 표를 참고하여 우선은 여러분 아이의 '평소 생활 방식'을 알아보는 데에 집중해 주세요. 그러고 나서 '평소와 다른' 모습이나 어색함 느껴지는 지를 자세히 살펴보시길 바랍니다.

아이의 도움 요청을 재빨리 알아차리기 위해서는 반드시 아이가 평소에 하루를 어떻게 보내고 있는지 알고 있어야 합니다. 일상생활 중에서 쉽게 체크할 수 있는 건 '식사량', '수면의 질', '청결 상태', '여가시간을 보내는 방법' 등이 있습니다. 이것들을 시작으로 아이의 '평소 생활 방식'을 미리 알고 있는 것만으로도 우리 아이의 도움 요청에 빠른 대처가 가능합니다. 그리고 도움 요청을 알게 되었다면, 차분하게 아이와 마주 보고 앉아 이야기를 나누는 것부터 시작해 보세요.

44

상처 받고 성장하는 건
'근육'만으로 충분합니다

우리 주변에는 '아프니까 청춘이다', '좌절한 만큼 성장한다.' 라든가 '고통을 뛰어넘어 높은 곳으로 향한다'와 같이 아이들의 성장에 대해 말하는 어른들이 있습니다. 그런데 정말 그럴까요?

솔직히 저는 이런 말들에 상당한 반감이 있습니다. 분명 우리 몸을 이루는 근육은 상처가 생기고 아무는 과정을 통해 강해진다고 알고 있습니다. 하지만 마음은 상처를 입는다고 해서 강해지지 않습니다. 마음에 생긴 상처는 손톱만큼도 아물지 않고 불치병처럼 남아 버리거든요.

고통은 이겨 내야 하는 것이라고 주장하는 사람 중에는 '나는 고통을 뛰어넘어 성장했다'라거나 '엄격한 통제 속에서 나는 보다 강해졌다'라면서 자신의 경험담을 늘어놓기도 합니다. 물론 그 사람들은 그런 식으로 자신을 발전 시켰을 수 있었을지 모릅니다. 그러나 눈앞에 서 있는 아이들이 그들과 같은 식으로 고통을 이

겨내고 성장할 거라고 단정 지을 수는 없습니다.

제가 이런 이야기를 하면 '고생도 해 봐야 험한 세상을 살아가지'라든가 '어려운 일만 생기면 도망치는 아이가 되고 말 거다'라는 등의 비판적 시선을 보내는 분들도 있습니다. 그러나 누구에게나 인생은 단 한 번뿐입니다. 어른들이 시키는 대로 어떠한 고난과 역경에도 참고 이겨 내라고 강요받은 아이들이 다시는 세상 밖으로 나오지 못한다면, 어떻게 하시겠습니까? 아이의 인생은 되돌릴 수 없는데 말이지요.

자기의 경험을 바탕으로 아이의 성향을 고려하지 않고 무리하게 다그치는 건 아이들 마음에 폭력을 가하는 것과 같은 것이 아닐까요?

재차 말씀드리지만, 마음에 생긴 상처는 손톱만큼도 아물지 않고 불치병처럼 남아 버립니다. 상처를 치유하려고 해도 상당한 시간이 필요하고요. 어른들은 자신의 과거를 미화하는 경향이 있습니다. 그러므로 아이들 앞에서 '나는 고생고생하면서도 이렇게 잘 자랐는데……'라는 식으로 자신의 과거를 회상하는 일은 지양하는 편이 좋습니다.

아이들이 꼭 알아야 할 것은 '당신이 어떻게 자라 왔는지'가 아니라 '너는 어떻게 자라고 싶은지'에 대한 것입니다. 우리가 어른으로서 할 수 있는 것은 아이들의 마음에 상처가 나지 않게끔 배려하고, 아이가 아이답게 잘 자랄 수 있도록 도와주는 것 아닐까요?

45

'도와 달라'고 말한 부분은 확실하게 도와주세요

초등학생에서 고등학생의 시기는 이른바 '아동청소년기'에 있는 아이로 어른의 손길을 많이 필요로 하는 시기입니다. 인간관계나 진로, 몸의 변화에 대한 불안 등 수많은 문제에 부닥칠 수 있기 때문이지요. 이러한 문제들은 아이들에게 '나 혼자서는 해결할 수 없는 문제'이고, 아이들로서는 그야말로 '숨이 꽉 막힌 상태'라고도 할 수 있습니다.

이쯤에서 부모이자 어른인 여러분께 한 가지 부탁할 것이 있습니다. 그것은 아이가 '도와 달라'고 말했을 때는 무조건 확실하게 도와줘야 합니다. 그것이 무엇이든 간에요.

아이들이 누군가에게 '도와 달라'고 말하는 것은 상당히 어려운 행위입니다. 아이들이라면 대체로 '이런 말을 했다가 혼이 나면 어떡하지?', '나 때문에 엄마나 아빠가 곤란해지면 어떡하지?'라는 식으로 미리 겁먹고, 자신의 행동에 뒤따라올 부정적인 상황

들부터 상상하기 때문입니다.

따라서 아이는 기본적으로 '도와 달라'는 말을 할 수 없다는 가정하에, 아이의 상태가 평소와 다르다는 걸 직감했다면 먼저 아이에게 손을 내밀어 주는 것이 좋습니다. 만일 당신이 '평소와 다른' 모습을 잘못 짚었다 하더라도, 재차 아이에게 손을 내밀어 주세요. 아이에게 먼저 손을 내미는 것은 아이에게 '도와 달라'는 말을 끄집어내기 위한 것이 아닙니다. 오히려 아이가 '도움을 요청할 수 있도록 기회를 여러 번 만들어 주기 위함'입니다.

만일 아이가 '도움'을 요청했다면, '좀 더 빨리 말해 줬으면 좋았잖아'라고 책망하는 것만은 피해 주세요. 먼저 '솔직하게 말해 줘서 고맙다'라고, 아이의 용기 있는 '도움 요청'을 칭찬해 준 다음, 아이의 이야기를 유심히 들어주세요. 당신의 따뜻한 손길과 유연한 태도가 아이에게 언제, 어떠한 일이 생기더라도 '도움'을 받을 수 있다는 안도감을 줄 테니까요.

46

'맞서 싸우는 방법'보다
'도망치는 방법'을 알려 주세요

옛날에는 교육 현장에서 '강단이 부족하다', '근성이 없다' 등의 말로 다그치며 정신 무장을 당연하게 여겼습니다. 물론 최선을 다하는 것 자체를 부정하는 것은 아닙니다만, 아이에게 '최선을 다해 노력하는 정신 무장'만을 전할 뿐 '최선을 다해 도망치는 방법론'에 대해서는 가르치지 않는 것이 아닐까 걱정이 됩니다.

예를 들어, 학교나 가정에서 이유 없이 혼이 나거나, 시도 때도 없이 맞거나 하는, 객관적으로 봤을 때 명백한 학대를 받는 아이가 있다고 칩시다. 이런 아이들이 도망치는 법을 모른다면 어떻게 될까요? 도망치는 법을 모른다면 참거나, 견디거나, 혼자서 모든 것을 짊어지는 '고독한 대처'를 할 수밖에 없습니다.

아이들을 이런 상황에 몰아넣지 않기 위해서라도 '괴로울 때는 도망쳐도 괜찮다'라고 말해 주세요. 자기방어를 할 수 있는 여지를 주고, '너무 아프고 힘들 때는 도망치는 방법도 있다'라고 자기 자신을 지키는 방법 또한 가르쳐 줘야 합니다. 구체적인 방법은 먼저 '도망치는 방법을 아이와 함께 미리 연구하는 것'입니다. 전문가에게 연결되는 상담 기관의 연락처를 메모해 둔다거나 상담 받을 수 있는 선생님(학교 상담 선생님 등)을 정해 두고, 상담이 필요한 아이의 사정을 미리 설명하는 등, 여러 가지 방법이 있습니다.

아이와 함께 도망치는 방법을 궁리할 때의 요령은 '그 아이가 혼자서도 도망칠 수 있는 방법을 가능한 한 많이 정해 두는 것'입니다. 어떤 상황에서도 아이가 자신의 안전을 지키기 위해 스스로 필요한 행동 지침을 알아 두는 것이 중요합니다.

마음이 무너질 만큼 억지로 참고 견디다 보면 그 아이의 미래마저 부서질 가능성이 높습니다. 따라서 아이들이 '최선을 다해 노력하는 정신'보다 '최선을 다해 도망치는 방법'을 먼저 알았으면 좋겠습니다. 마음이 무너져 버린 뒤에는 정말 수습하기 어려우니까요.

47

"괜찮아?"라고 물으면 "괜찮다"라고밖에 대답할 수 없어요

아이들과 지내는 동안 "괜찮아?"라고 몇 번이나 물어보았나요? 모든 보호자 혹은 양육자들이 늘상 말할 것 같은 '괜찮아?'라는 질문이지만, 사실 저는 이 질문에는 각별한 주의가 필요하다고 생각합니다.

부모(혹은 어른)는 아이들이 "괜찮아"라고 대답하면 잠시나마 안도의 한숨을 쉬고는 하지요. "괜찮아?"라고 질문하면 아이는 대개 "괜찮아"라고 대답하기 쉽습니다. 어쩌면 그래서 부모(또는 어른)는 본능적으로 "괜찮아?"라고 묻는 경우가 많은 것 같습니다.

게다가 별생각 없이 "괜찮아?"라고 자주 물어도 "괜찮아"라는 대답을 들을 수 있다는 기대로 말미암아 무의식중에 강한 어조나 경직된 표정으로 "괜찮아?"라고 아이들에게 묻고는 합니다. 아이는 부모(혹은 어른)의 의도를 민감하게 눈치채고는 '부모님께 걱정 끼칠 수 없지'라는 생각에 괴롭고 힘들면서도 "괜찮다"고 대답해 버리고 맙니다. 이때 '괜찮아'라는 말은 '괜찮아(라고 말하길 바라는 거죠?)'라는 뉘앙스를 함축하고 있습니다. 아이로서는 이 얼마나 비참하고 슬픈 대화인가요. 게다가 아이가 '걱정 끼치면 안 돼 모드'로 돌입하면 힘들어도 스스로 주변에 도움을 요청하기 어려워 집니다.

만일 아이가 도움을 요청하지 않는 이유를 알고 싶다면 "괜찮아?"라고 묻는 게 아니라 '아이의 상태를 살펴본 부모의 생각'을 전하고, 진짜 어른으로서 할 수 있는 일을 제안하거나 정말로 도움이 필요하지 않은지 대놓고 물어보는 건 어떨까요? 나 자신의 안도감을 위한 것이 아닌 '아이가 어렵고 곤란한 일은 없는지, 어떻게 도와주길 바라는지' 아이와 교감하는 시간이 필요합니다. 그리고 '나는 이렇게 저렇게 생각하는데…….'라는 식으로 슬쩍 물어보고, 시시때때로 아이의 이야기에 귀를 기울이는 것이 무엇보다 중요합니다.

48

아이의 '분노'를 함께
들여다보아요

　현장에 있다 보면 아이들이 '짜증 난다'라는 말을 꽤 자주 합니다. 그때마다 저는 '짜증을 해결하자'라는 결과론적인 방법이 아닌, "짜증 나는 원인에 대해 함께 생각해 볼까"라는 식으로 아이들의 이야기를 먼저 들어 보고, 원인을 찾아보려고 노력합니다. 제 경험상 아이들은 대개 '짜증이 나고 초조한 기분을 어떻게 해결해 주길' 바란다기보다 '왜 이렇게 초조하고 짜증이 나는지 모르겠으니 같이 생각해 주세요'라고 바라는 경우가 더 많았기 때문입니다.

　부모(혹은 어른)들은 지금까지 살아오면서 분노와 짜증을 줄곧 겪어 온 터라 그 감정이 불쑥 고개를 든다 해도 '스스로 어느 정도 조절할 수 있게끔' 감정 조절을 할 수 있습니다. 그러나 아이는 다릅니다. 그 부정적인 감정에 익숙하지 않아서 어른처럼 당연히 참고 인내할 수 있는 감정으로 파악하기 어렵습니다. 즉 분노와 짜증으로 뒤엉킨 아이는 '이 기분의 정체는 대체 뭐지?'라는 상태에 빠지고, 초조하고 당황하게 됩니다.

따라서 아이들이 '화가 폭발한다'라든가 '짜증 난다'라는 말을 꺼낼 때는 "그 원인을 찾아 해결해 볼까?"라는 제안보다 "불쑥 솟아나는 감정을 같이 살펴보고 왜 그런지 생각해 볼까?"라는 식으로 받아들이고, 아이와 함께 이야기를 나누어 보세요.

아이에게 짜증이 난다는 이야기를 들으면 "짜증이 나는 게 느껴져? 화가 많이 났어?"라고 아이가 느끼는 감정을 순순히 인정해 주세요. 그러고 나서 "그 감정의 원인이 무엇일지는 생각해 봤어?"라고 아이의 초조함에 관심을 두며 아이의 상황을 면밀하게 살펴봅니다. 이윽고 아이에게 부정적인 감정을 일게 한 원인을 찾아냈다면, "내가 너와 함께 이 감정에 대해 생각을 나눠도 될까?"라는 식으로 아이의 분노와 짜증과 초조함을 함께 이야기해 보고 싶다는 뜻을 분명히 전달해 주세요. 이때는 그 감정들이 일어난 원인이 된 상황을 되돌아보는 것도 좋은 방법이에요. 또한 지금 이 감정의 진폭이 얼마나 큰지에 대한 솔직한 심정을 아이가 털어놓는다면 더할 나위가 없겠지요.

만일 아이가 분노나 짜증, 초조함에 대해 말로써 유려하게 설명하지 못한다고 해서 "말하지 않으면 모르잖아"라는 식으로 아이의 대답을 재촉하기보다 "그래, 그렇게 화가 나거나 짜증이 날 때는 말로써 설명이 안 될 때도 있다"라고 자신의 감정을 제대로 전달하지 못하는 아이의 기분을 공감하고, 괴로움을 받아 주세요.

아이의 이야기를 다 들어준 뒤에는 짜증이 나고 화가 나서 어쩔 줄 모르는 상태에서도 부모(혹은 어른)에게 다가와 준 아이의 용기 있는 태도를 다시금 칭찬해 주고, 그 불안정하고 불쾌한 감정이 결코 나쁜 것이 아니라는 것을 알려 주세요.

어찌 됐든 중요한 건 '아이의 짜증과 분노를 정성껏 받아 주는 것'입니다. '예상치 못한 감정'인 분노와 짜증을 마냥 부정하는 것이 아니라 함께 생각해 주고 다독여 주는 어른의 존재는 아이에게 확실하고도 확고한 안도감을 줍니다. 짜증과 분노가 나름의 감정이란 것을 아이가 이해하고, '살아가면서 생길 수 있는 감정'으로 받아들일 수 있도록 돕는 것 또한 양육자로서 꼭 신경 써야 할 부분입니다.

49

'못 자는 것'도 괴롭지만, '못 일어나는 것'도 괴롭답니다

밤에 '못 자는 것'에는 공감하지만, 아침에 '못 일어나는 것'에는 공감하지 못한다는 이야기를 종종 듣습니다. 그러나 아이가 '못 일어나는 것' 또한 상당히 괴로운 일입니다.

어째서 아침에 벌떡 일어나는 것이 힘들까요? 그 첫 번째 이유로는 마음의 부조화가 일어나고 있을 가능성입니다. 등교해야 하는 평일, 아침에 못 일어나는 아이는 학교에 좋은 기억이 없거나 등교할 일에 대한 걱정과 심란함이 권태감이나 복통, 두통 등 신체의 통증으로 발산되어 등교할 수 없는 컨디션으로 만듭니다.

두 번째 이유로는 '기립조절장애'라는 병을 앓는 경우가 있습니다. 기립조절장애는 자율신경계의 부조화로 인해 자리에서 일어섰을 때 말초 혈관이 수축하여 순환 혈류량을 유지하려는 조절 기증이 있어 현기증, 메스꺼움, 숨 막힘, 몸살 등의 증세가 나타납니다. 장시간 누워 있던 상태에서 아침에 일어나려고 할 때, 주로 강하게 증상이 나타나고, 오후가 되면서 서서히 증세가 나아집니다. 따라서 '못 일어나는 건 의지가 약해서다'라고 오해 받기 쉬운 병이기도 합니다. 사춘기에 주로 나타나며, 경증 환자를 포함하여 초등학생과 중학생 중 5~10%가 이 기립조절장애로 힘겨워합니다. 다시 말해 한 학급당 한 명 정도는 이 증세를 호소하고 있다는 뜻이기도 합니다.

아이들의 몸과 마음의 부조화로 발생하는 '못 일어나는 이유'는 꽤 복잡합니다. 그러나 안타까운 점은 '어차피 밤새 딴짓하느라 못 일어난다'라는 식으로 오해하는 부모(혹은 어른)가 꽤 많다는 점입니다. 아이의 탓으로 돌리는 듯한 어조로 몰아세우거나 빈정거린다면 아이는 점점 더 아침에 일어나는 것이 힘겨워질 수밖에 없습니다.

아이가 아침에 못 일어나고 있다면 '빨리 일어나!'라고 혼을 내듯이 깨우는 게 아니라 '아침에 컨디션이 안 좋아?'라고 부드러운 말투로 다독여 주세요. 그 아이는 '의지는 있지만 일어나지 못하는 이유'가 따로 있을 지도 모르니까요.

50

'몰라'는 말대꾸가 아닌 진심일 수도 있습니다

아이들을 상담할 때 지금 어떤 기분인지 물어보면 대체로 "잘 모르겠다"라고 대답합니다. 아이들의 이러한 반응에 부모(혹은 어른)들은 '잘 모르겠다니……'라며 답답해 하지만, 저는 그것이 아이들의 솔직한 답변이라고 생각합니다.

앞서 이야기한 아이의 '짜증' 외에도 즐겁고, 분하고, 화가 나는 등, 인간이 살아가면서 느낄 수 있는 감정은 수도 없이 많습니다. 부모(혹은 어른)는 '난 지금 아이의 대답에 어이없고 답답함을 느낀다'라고 자신의 감정을 '답답하다'라고 분명하게 말할 수 있지만, 아이들은 그러한 감정의 변화를 당연하고 자연스레 말하는 것이 어렵습니다. 아직 자신의 감정에 대한 명칭을 알지 못하기에 '이 기분은 대체 뭘까?'라고 고민하거나 '잘 모르겠다'라고밖에 대답할 수 없는 것입니다.

그렇다고 해서 '잘 모르겠다'라는 말을 그대로 받아들이는 것 또한 지양해야 합니다. 일례로, 저는 아이들이 "잘 모르겠다"라고 대답하면 "자신의 감정을 잘 모른다니, 너무 안타깝다"라고 공감해 줍니다. 아이들이 "잘 모르겠다"라고 말한 기분을 그대로 받아들여 주는 것이죠. 그러고는 "지금 초조하고 불안하니?"라고 물어보는 등, 그 아이가 겪고 있는 감정의 변화를 생각해 보고 '감정 카드' 등을 이용하여 아이에게 지금의 기분을 되돌아볼 수 있는 기회를 줍니다. '감정 카드'는 '두근두근', '조마조마', '즐겁다', '슬프다' 등의 여러 감정이 문자나 사람의 표정 그림으로 나타나 있어 아이들이 자신의 감정을 공유할 수 있게끔 유도합니다.

이와 같은 대응 외에도 현대를 살아가는 아이들의 문화나 유행어 등을 미리 공부하고, 아이가 흥미 있어 하는 분야에 관심과 긍정적으로 바라보는 것 등 아이의 마음을 알아보기 위한 힌트를 수집하는 작업은 절대로 의미가 없는 일이 아닙니다. 적어도 아이의 눈에는 자신의 마음을 이해하고 공유하려는 부모(혹은 어른)의 노력이 보일 테니까요.

51

아이가 진짜로 '웃는 게' 아닐 수도 있습니다

아이들이 웃고 있는 모습을 보고 있으면 절로 행복한 기분이 듭니다. 비단 저뿐만이 아니라 아이를 양육하고 계신 모든 분이 그럴 거예요. 그러나 아이들이 너무 많이 웃는 것 같으면 저는 오히려 걱정이 앞섭니다. 그 아이가 웃어넘겨야만 할 상황에 놓인 건 아닐까 싶어서요.

웃는다는 건 긍정적인 기분만이 겉으로 드러나는 행동이 아닙니다. 귀신의 집에서 공포에 휩싸일 때도 웃어 버리거나, 회사 상사의 아재 개그에 마지못해 쓴웃음을 지었던 기억은 누구에게나 있을 거예요. 사실 웃는다는 건 자신의 감정을 무리하게 끌어올려 부정적인 기분을 떨치거나 모르는 척 덮어 버리려는 일종의 '현실 외면'의 한 방법일 수도 있습니다. 마치 아무 일도 없었던 것처럼 느끼게 하는(나에게도 상대방에게도) 작용도 하는 거지요.

아이가 열등감을 안고 있을 때 대응을 제대로 해 주지 않는다면 말 그대로 '웃을 수밖에 없는' 상황에 빠지기 쉽습니다. 그리고 이러한 상황에서 나오는 미소는 아이가 진심으로 웃는 것과는 달리 '가면을 쓰고 있는 듯한 억지웃음'으로 보입니다. 입꼬리를 씩 올려 피식 웃는다든가, 얼굴은 웃고 있는데 온몸에 힘이 꽉 들어가 있다거나, 매일 같은 얼굴로 웃고 있다면 아이가 무리하게 웃고 있는 것일 수 있지요.

웃음에는 여러 이유가 있기에 아이에게 한 발 더 다가가 유심히 살펴 주세요. 아이가 학교에서 돌아와 피식 웃고 있다면 '학교에서 좋은 일 있었나?'라든가 '오늘은 학교에서 별일 없었나 보네'라고 생각하며 '괜찮겠지'라고 넘어가기 쉽습니다. 그러나 사실 그 아이는 '학교 수업을 따라가기 힘들었다', '담임 선생님이랑 참 안 맞네'라는 등의 고민에 빠져 있을지도 모릅니다. 학교에서 불편하고 힘든 일을 겪은 뒤에 그 불쾌한 감추고 덮어 버리려고 웃으며 집에 들어왔을 가능성도 있습니다.

따라서 아이가 평소보다 많이 웃고 있다면 '기분이 좋아 보이는데, 잘 지내고 있는 거겠지'라는 막연한 생각으로 안심하지 마시고, 아이에게 "나는 너를 늘 생각하고, 걱정하고 있다"라고 마음을 표현해 주세요.

52

'똑 부러진 아이'인 척 연기하고 있는 건지도 모릅니다

주변을 둘러보면 '○○은 정말 똑 부러져'라는 말이 절로 나올 정도로 제 몫을 충실히 해내는 아이들을 종종 보게 됩니다. 그런데 저는 이렇게 '똑 부러진 아이'라고 모두에게 칭찬 받는 아이를 만날 때마다 그 아이가 무척 안쓰럽습니다. 주변의 시선을 의식하며 스스로 '반듯하고 모범적으로 보여야 해'라는 부담감을 안고 있을지도 모르니까요.

실제로 '똑 부러진 아이'라는 말은 아이 입장에서 보면 조금 어렵고 피곤해지는 말입니다. 아이는 어른들만큼 자신의 상태를 객관적으로 파악하기 어렵기 때문에 '똑 부러진다'는 말이 무슨 뜻일까?' 고민 되고, 자신의 어떤 면이 '똑 부러지는구나'라고 평가 받는지 잘 알지 못합니다. 그리고 어른들이 아이를 보며 말하는 '똑 부러지는 아이'란 무엇일까 상상하지요. 그러나 '똑 부러지는 아이'라고 말한 어른만이 그 말의 뜻을 알 수 있으니, 아이는 무엇이 해답인지 찾기 어려워 집니다. 다시 말해 왜 칭찬 받는지는 몰라도, 반듯하고 똑바른 아이가 되길 바라는 어른들의 기대를 어렴풋이 알게 되기는 합니다.

그렇다면 아이들에게 '똑 부러진 아이'가 되길 바라는 것이 나쁘냐고 묻는다면, 그건 아닙니다. 도리어 아이들의 모습을 보고 '스스로 잘하고 있다'라고 칭찬하는 것은 그 아이에게 평소에도 긍정적으로 삶을 바라보고 있다는 증거가 되는 좋은 자극제라고 생각합니다.

그래서 만일 '똑 부러진 아이'를 만나게 된다면 어째서 칭찬하는지 그 이유를 자세히 설명해 주세요. 자기 전에 다음날 학교 갈 준비를 마친 아이라면 "아이고, 장하다!"라고 추상적으로 칭찬하는 것이 아니라, "내일 학교에 필요한 걸 미리미리 알고 계획해서 챙겨 놓다니, 정말 최고다!"라고 구체적인 사항을 하나하나 열거하여 칭찬해 주세요. 구체적으로 하나하나 칭찬해 주면 아이는 그제야 '내가 잘한 게 이거였구나'라든가, '무슨 이유로 칭찬받았는지' 이해할 수 있습니다.

53

공격적인 언행은 아이의 '방어 기제'일 수도 있어요

아무리 어린아이라도 공격적인 언행은 용납될 수 없습니다. 그렇다고 바르지 못한 행동만으로 아이를 '문제 있는 아이'로 단정 짓지는 말기 바랍니다. 공격적인 언행은 아이가 스스로를 지키기 위한 유일한 방어 기제일 수도 있으니까요.

제가 병동에서 만났던 D의 이야기를 들려 드리겠습니다. D는 주변 어른들의 인사는 아예 무시하고 쉽게 폭언을 하고, 벽에 자기 머리를 부딪치며 자해하고, 물건을 부수는 등 이른바 '공격성 성향이 높았던 아이'였습니다. 그러나 본인보다 어린아이들에게 카드 게임을 가르쳐 줄 때는 그러한 공격적 행동을 전혀 나타내지 않았지요. 왜 이런 반응이 나온 걸까요? 그 원인을 D의 과거에서 찾아낼 수 있었습니다. D는 부모(혹은 어른)들로부터 가혹한 폭력에 노출된 적이 있었고, 자신이 소중하게 간직하던 물건이 부서지는 광경을 여러 차례 목격했으며, 필사적으로

'도와 달라'는 구조 요청이 묵살되었던 과거가 있었습니다. D의 입장에서는 어른을 무시하고 피하며, 폭언과 폭력적인 행동으로 자기 자신을 필사적으로 지켜 낸 것이라고 할 수 있습니다. 그래서 저는 그 아이를 이해할 수 있었지요.

그러면 눈에 띄게 공격적인 아이들에게는 어떻게 다가가야 할까요? 간단합니다. 그 아이를 위협하지 않고 철저히 보호하겠다는 자세를 계속 보이면 됩니다. 위험한 행동을 할 때는 단호하게 개입하고 막아서야겠지만, 작은 반항에는 크게 반응을 보이지 않고, 평소와 같이 대해 주세요. 어떤 때에도 변하지 않는 자세를 보여 주세요. 그리하여 아이가 속으로 '뭐야, 기분 나빠'라고 생각해 준다면 성공입니다. 그 아이 마음속에 박혀 있는 '어른은 믿을 수 없어', '내가 두들겨 맞기 전에 되갚아 줄 거야'라는 생각을 뒤흔들었다면 이제 기회가 온 거예요.

아이의 공격적인 언행을 하나하나 따져 가며 혼내는 것만큼은 꼭 자제해 주세요. "폭력을 휘두르고 폭언을 퍼붓는 건 잘못된 행동이야. 용서받을 수 없어. 하지만 네가 그렇게까지 한 데에는 그만한 이유가 있다고 생각해"라는 식으로 공격적인 언행은 절대 허용되지 않는다는 것을 알려 주면서 그 아이의 마음도 헤아려 주는 태도를 보여 줘야 합니다.

54

자신을 지키기 위해 마음의 문을 열지 않은 거예요

주변에서 '저 아이는 참, 자기 속내를 드러내질 않아'라는 말을 들었을 때, 저는 묘한 감정에 사로잡힙니다. 그러한 말들이 마음을 여는 것이 좋은 거고, 마음을 닫는 것은 나쁜 거라는 이분법적 논리로 들리기 때문이지요. 그뿐 아니라 마음의 문을 닫아버림으로써 필사적으로 자기 자신을 지키고 있는 아이를 부정하는 것처럼 들리기까지 합니다.

"정말 용기가 나지 않아서 학교에 가는 것이 두렵다고 말해도, 부모님은 학교에 가라고 혼을 냈어요"라거나 "겨우 용기를 내어 마음속의 고민을 상담했는데, 내 비밀을 다른 사람들한테 말하고, 내 얘기를 다른 사람에게 하며 웃었어요"라며 마음을 열어 봤지만 오히려 괴롭고 힘든 기억만이 남았다고 호소하는 아이들이 있습니다. 결국 '마음을 터놓고 말해 봐야 좋은 일은 없었다'라는 마음의 상처만이 남은 기억이 '마음을 터놓으면 상처를 입는다', '믿을 수 있는 건 나 자신뿐'이라는 생각으로 빠져들게 합니다. 그 결과 다른 사람에게는 '마음의 문을 닫음'으로써 자신을 지키는 것이지요.

또한 과거에 상처 받은 경험이 없다고 하더라도, 태생적으로 다른 사람에게 쉽사리 곁을 내어 주기 힘든 아이들도 있습니다. 자신의 기분을 유창하게 말로 전달하지 못하고, 자신의 약점을 겉으로 드러내는 것을 나쁘다고 생각하고, 자신의 관심 분야나 흥밋거리가 알려지는 것을 부끄럽게 생각하는 아이들입니다. 따라서 마음을 열지 말지는 순전히 아이들의 몫이며, 부모(혹은 어른)가 '네 마음을 털어놓으라'라고 닦달할 수는 없습니다.

부모(혹은 어른)로서 우리가 할 수 있는 것은 마음의 문을 열지 않는 아이를 있는 그대로 받아 주는 것뿐입니다. 당신이 '마음을 열지 않는다'라고 생각하는 그 아이가 사실은 '마음을 연들 좋은 일은 하나도 없었다'라고 생각하는 아이일 수도 있습니다. 그러므로 "어째서 네 속내를 말하지 않는 거야?"라고 윽박지를 일이 아니라 '네 마음을 털어놓지 않아도 괜찮아. 나중에라도 마음이 바뀌면 그때 말해 줘'라는 태도로, 지금 앞에 있는 아이를 그대로 인정해 주세요.

55

'아이를 바꿀 거야!'보다 '아이를 지켜야지!'라고 생각해 주세요

저는 병동에서 아이들을 돌보는 일에 매진하고 있지만, 제 페이스대로 아이들을 몰아세우지 않으려고 조심합니다. 병동에서 경험이 쌓이다 보니 제가 아이들보다 앞서 나가거나 과열되어 잘해 주려는 걸 아이들이 알아채는 순간, 결과적으로는 아이들에게 좋지 않은 영향을 미친다는 걸 알았거든요.

아이들과 생활하다 보면 '좀 더 이렇게 하면 좋을 텐데!'라는 내 기준치에 맞춰 아이를 다그치는 경우가 종종 있습니다. '아이를 바꿔 놓겠어!'라면서 의지를 불태운다면 '아이를 위한 것'이 아닌 '나 자신을 위한 것'이 되고 맙니다.

예를 들어 아이가 "학교 가기 싫어. 학교에 가서 보건실에 누워 있을 거야!"라고 말했는데 "보건실에 갈 정도면 교실에도 들어갈 수 있다는 거잖아! ○○은 잘할 수 있어"라는 식으로 받아친다면 어떻게 될까요? 아이의 의사를 무시하고 자신의 의견만을 강요하는 꼴이 되겠지요.

　이는 비단 부모에게만 해당하는 이야기가 아닙니다. 저처럼 아이를 위해 일하는 분 중에서도 "아이를 위해서 최선을 다했건만, 뒤돌아보면 아이에게 무리한 요구를 했던 것 같아"라고 후회하는 이야기를 종종 듣게 됩니다. 그리고 그들의 이야기는 "가만히 아이를 지켜봤으면 좋았을걸", "아이의 이야기를 귀 기울여 들어줄걸"이라는 반성으로 이어집니다. 그래서 저는 "아이를 바꾸겠어!"라고 강하게 밀어붙이기보다는 "아이를 지켜 줘야지"라고 뒤에서 조용히 응원해 주는 편을 추천합니다.

　최선을 다해 아이의 삶을 바꿔 주려는 부모(혹은 어른)의 태도가 멀리서 보기에는 아이에게 의지가 되는 존재로 보이기도 합니다. 그러나 그 열정이 아이가 스스로 '○○되고 싶다'라고 한 생각을 최대한 존중해 주는 것일까요? 집에서 하는 육아든 혹은 외부 기관이든 간에 아이와의 관계는 장기전으로 생각해야 합니다. 뜨겁게 달아올랐다가 빠르게 식어 버리면 아이는 이도 저도 아닌 상태가 되어 버릴 거예요. 아이의 미래를 생각하는 어른들이 할 수 있는 것은 아이가 가는 길에 작은 호롱불이 되어 조용히 지켜보고, 아이가 진정으로 원하는 것을 존중해 주는 것이라고 생각합니다.

56

아이는 최선을 다해 '보통의 삶'을 연기하고 있습니다

아이를 돌보는 현장에서 있다 보면 귀에 딱지가 앉을 정도로 자주 듣는 말이 있습니다. 바로 '보통 애들처럼 ○○하나요?'라는 말입니다. 저도 무의식중에 '보통은'이라든가 '평범하게'라는 말을 쓰고는 합니다만, 사실 이 말은 아이들에게 '보통의 삶, 다시 말해 일반적인 삶'을 살도록 강요하는 의미를 내포하고 있으므로 주의해야 합니다.

보통 아이들은 '인사를 하는 것이 당연'하고 '학교에 가는 것이 당연'하며 '친구들과 사이좋게 지내는 것이 당연'합니다. 그러나 이런 보통 아이라면 무난히 해낼 수 있는 사항들을 잘 수행해 내지 못하는 아이들에게는 '나는 보통 아이와 다르다'라고 자책할 수도 있고 '보통 아이들처럼 하려면 열심히 해야지'라는 강한 부담감을 가질 수도 있습니다.

그도 그럴 것이 자기보다 경험이나 지식이 압도적으로 많은 어른에게 '보통은······'이란 말을 들은 아이는 어른들이 말하는 '보통'을 '당연히 해야 할 것'으로 받아들이게 됩니다. 따라서 학교에 가는 것이 아무리 힘들어도 '학교에 가는 것이 당연'한 일이라서 죽을힘을 다해 등교하고, 껄끄러운 친구들하고도 '사이좋게 지내는 것이 당연'한 일이라서 자신의 감정을 죽이고 억지로 웃으며 친구들을 대하게 됩니다.

이처럼 누군가의 '보통'이라는 말에 맞추는 노력은 매우 힘든 일입니다. 주변의 의견을 들어 보고, 불편한 환경에서도 자신의 감정을 죽이고 맞추게 되니까요. 더군다나 아이가 최선을 다해 '보통의 삶을 연기하는 노력'은 쉽게 알아차리기 어렵고, 다른 사람에게 인정받기도 힘들지요. 따라서 아이가 아무리 활발하게 생활하더라도, 평소와 다름없이 평범한 모습을 보인다 해도, 부모(혹은 어른)가 "오늘도 고생 많았어. 요즘 너무 무리하는 거 아니니?"라고 한마디 건네 보는 건 어떨까요? 그 다정한 말에 아이는 지금까지 해 온 자신의 노력에 큰 위로를 얻을 수 있을 거예요.

지금 당신 옆에 있는 아이는 어떤가요? 오늘도 남모르게 보통의 삶을 연기하고 있을 지도 모릅니다. '보통'의 삶을 연기한다는 건 무척 어렵고 힘이 드는 일이랍니다.

57

"시간 있어요?"라고
아이가 묻는다면,
당신을 '아군'으로 여긴다는 거예요

　만일 당신이 가족이 아닌 아이로부터 '시간 좀 있어요?'라는 말을 들었다면, 그 아이는 당신을 '자신의 아군'으로 생각한다는 뜻이에요.

　제 경험상, 아이들은 다른 사람에 대해 '이 사람은 나의 적일까?' 하는 경계심에서부터 관계를 구축해 가는 경우가 많습니다. 아이는 자신의 안전을 확보하기 위해 우선은 '모르는 사람을 적대시'하는 경우가 많습니다. 앞에서도 말했듯이 어른들의 행동을 아이가 일거수일투족 감시하듯이 지켜보고 있는 것 또한 이와 같은 맥락입니다.

　어른을 보며 '이 사람은 적인가?'라는 경계하는 마음은 그 어른과의 대화를 쌓아 가면서 '진짜 적이 아닐까?' 하는 의심으로 변합니다. 그 의심의 시기가 어른인 입장에서는 좀 까다롭고 번거로운 시기이기도 합니다. 왜냐하면 아이가 자기 나름의 방법으로 눈앞에 있는 어른이 적인지 아닌지 판별하기 때문이지요. 응석을 부리기도 하고, 홱 토라지기도 하고, 때에 따라서는 무시하기도 하면서 아이들 나름의 방법들로 어른을 시험하는 것입니다.

그런 모습을 보고 있노라면 '사람을 그렇게 떠보는 거 아냐!'라고 무심코 설교하고 싶어지지만, 사람을 시험하는 아이의 행동은 '이 사람이 진짜로 내 편이 맞는가?'에 대한 의심을 없애기 위한 행동이며, 관계를 맺는 과정에서 필연적으로 나타나는 행동이라고 이해해 주세요. 그리고 의심의 시기가 지나고 나면 '아마 저 사람은 내 편일지도 몰라'라고 아이는 안도하게 될 거예요. 그제야 아이는 "시간 좀 있어요?"라고 물을 수 있게 됩니다.

아이와의 신뢰 관계를 맺고 싶다면 일단은 아이들로부터 '아군 인증'을 받을 필요가 있습니다. 그리고 아이가 "시간 좀 있어요?"라고 물어온다면 감동한 듯한 제스처를 보여 주세요. 그러면 당신은 그 아이로부터 아주 확고한 아군으로 인정받을 테니까요.

58

"그래도 살다 보면 좋은 일이 있다"라는 말이 주는 절망

저는 병동에 있는 아이들에게 "그래도 살다 보면 좋은 일이 있다"라고 말하지 않습니다.

솔직히 저는 지금껏 살아오면서 좋았던 일들이 많았습니다. 살아 있었기에 이 책을 쓸 기회를 얻었고, 지금도 제 책을 읽어 주는 독자들이 있는 이 상황이야말로 '살아 있어서 좋다'라고 말할 수 있겠지요. 그러나 많은 아이를 접하고, 보호해 온 경험으로 미루어 보건대, "그래도 살다보면 좋은 일이 있다"라는 말을 아이들에게는 절대로 하지 않습니다.

삶에 지친 아이, 살아 있는 걸 후회하는 아이, 살고 싶은 마음을 그 누구도 알아주지 않는 아이 등 너무 다양하고 우리가 상상치 못한 정도로 험한 일들을 겪은 아이들을 많이 있습니다. 이러한 아이들을 만났을 때, 어른들은 "그래도 살다 보면 좋은 일이 있다"라고 충고하고, 기운을 북돋워 주려고 하지요. 이건 지극히 당연한 일로, 아이보다 훨씬 긴 세월을 살아온 어른은 적어도 "그래도 살다보면 좋은 일이 있다"는 경험을 해왔기 때문입니다. 그렇기에 '미래의 희망을 안고 살아가길 바라는' 순수한 마음을 전하고 싶은 겁니다.

그러나 그것은 어디까지나 어른이 된 시점에서 말할 수 있는 충고라는 걸 잊지 말아 주세요. 눈앞에 있는 아이는 장래에 대한 그어떤 희망도 없고, 그저 지금을 치열하게 살아가고 있을 뿐입니다. 지금 당장 머릿속이 뒤죽박죽될 정도로 고민하는 아이에게는 어른의 "그래도 살다보면 좋은 일이 있다"라는 말은 비현실적이고, 오히려 자신을 비꼬는 말로 들릴 테니까요.

"살면 좋은 일이 있다"라고 생각하는 사람은 살아오면서 좋은 일이 있었던 사람입니다. 그러나 지금까지 살아오면서 좋았던 일이 하나도 없었던 아이에게 응원의 말은 건넬지 몰라도 "살다 보면 좋은 일이 있다"라는 말은 절대 할 수가 없습니다.

59

'너는 너로서 충분해'라는 말이 아닌 행동으로 보여 주세요

저는 '너는 너로서 충분하다'라는 말을 아이들에게 절대 사용하지 않습니다. 왜냐하면 아이는 지금 이대로 충분하다는 인정은 반드시 '말'이 아닌 '행동'으로 보여 줘야 한다고 생각하기 때문입니다.

제가 지금 돌보고 있는 아이 중에도 부모(혹은 어른)로부터 '너는 지금 이대로 충분하다"라는 말을 듣고 자란 아이들이 꽤 있습니다. 그러나 아이들은 그 말이 무척 불만스러운 모양입니다. "나에 대해 뭘 안다고! 정말 재수 없어.", "자기 마음을 편하게 하려고 하는 말일 뿐"이라고 투덜거리는 소리를 종종 듣거든요. 그건 아마도 "나는 대체 뭘 할 수 있을까?"라고 생각하며 고민하고, 다른 사람과 비교하고, 주변 사람뿐 아니라 나 스스로에 대한 신념조차 흔들리는 시기일수록 아이들은 어른이 말하는 '너는 너로서 충분하다'라는 말이 거짓말처럼 느껴지게 됩니다.

이러한 아이에게 '너는 너로서 충분하다'라고 메시지를 건네는 건 간단한 일이 아닙니다. 말뿐 아니라 행동으로 그 아이의 존재를 인정할 필요가 있습니다. 아이가 한창 빠져 있는 게임을 함께 하고, 아이가 좋아하는 아이돌의 유튜브를 함께 보는 등 그 아이의 '흥미'에 같은 정도의 '흥미'를 보여 주고 함께 향유해 보는 것은 어떨까요? 이러한 행동은 '너는 너로서 이미 충분하다'라고 말로 말하는 것보다 몇 배의 수고가 들겠지요. 아이를 지금 그대로 인정하고, 받아들인다는 걸 전하는 일은 그만큼 어려움이 뒤따릅니다.

어른들은 말로 "너는 너대로 충분하다"고 전하면 자신의 마음이 아이에게 전해졌다고 믿습니다. 아주 오만한 착각인 줄도 모르고 말입니다. 아이가 '나는 지금의 나대로 좋다'라고 생각하게 되는 날이 올 때까지 '너는 너로서 충분하다'는 것을 행동으로 전해 주세요. 그 모습이야말로 아이를 있는 그대로 믿고 인정해 준다는 증거가 될 테니까요.

60

'죽고 싶다'는 말에는
TALK 원칙으로 대응하세요

만일 아이가 '죽고 싶다'는 말을 꺼냈다면 당신은 어떡하시겠습니까?

여간해서는 이런 일이 없겠지만, 깜짝 놀라 "죽고 싶다니, 그런 말하는 거 아니야!"라면서 긴 설교를 시작할까요? 아니면 "맛있는 거라도 먹으러 가자!"라고 어설프게 화제를 돌리실까요? 이는 아이의 기분 따위 모두 무시하고, 아이의 '죽고 싶은 기분'을 인정하지 않으며, 부모(혹은 어른)의 안도만을 최우선으로 하는 최악의 대응법이라고 할 수 있습니다. 물론 이처럼 얼렁뚱땅 그 시간을 모면하려는 부모(혹은 어른)의 마음도 십분 이해는 합니다. 소중한 아이가 갑자기 '죽고 싶다'고 말한다면, 누구라도 크게 동요하고, 슬픔과 불안이 가득한 마음을 감출 길이 없고, 냉정한 대응 따위 될 리 만무합니다.

그렇다면 아이가 '죽고 싶다'고 말했을 때의 대응법을 미리 알아 둔다면 어떨까요? 적어도 아이의 발언을 부정하는 대응은 하지 않을 거예요. 이 책을 읽고 계신 독자분들은 '죽고 싶다'고 말하는 아이를 냉정하게 설득하는 방법을 알아 두셨으면 좋겠습니다.

우선 아이에게 '죽고 싶다'는 기분이 나오게 된 데에 어떤 이유가 있는지 이야기를 나눠 보세요. 아이는 어른들과 비교하여 문제에 대응하는 기술이 미숙하고, 다른 사람에게 상담해 본 경험조차 적어서 혼자 고민하느라 끙끙 앓았을 거예요. 그리고 이러한 상태가 쌓이고 쌓여 '어떻게 해도 해결이 안 된다'는 상황에 쫓기다가 '죽고 싶다'는 마음이 생길 수 있습니다.

아이가 '죽고 싶다'는 기분을 털어놨을 때, 얼마나 심각한 상황인지 정확하게 파악하는 것은 전문가라도 어렵기 때문에 가볍게 흘려 넘기지 않는 것이 무엇보다 중요합니다. 이때 꼭 알아 두면 좋을 것이 바로 'TALK 원칙'입니다. 울면서 '죽고 싶다'라고 말해도, 웃으면서 '죽고 싶다'고 말해도 이 TALK 원칙을 재대로 인지하고 진지하게 아이의 이야기를 들어주는 방법이 바람직합니다.

TALK 원칙이란, 'Tell', 'Ask', 'Listen', 'Keep safe'의 앞 글

자를 따서 만든 대응 방법입니다.

T(Tell) 걱정하고 있는 것을 말로써 전달한다

'컨디션이 안 좋아 보이는데, 어디 아파?', '최근 자다가 많이 뒤척이던데, 걱정거리라도 있니?' 등 '나는 너를 무척 걱정하고 있다'는 것을 말로 전해 보세요. 에둘러 말하기보다 직접적으로 물어보는 것이 중요합니다.

A(Ask) 어째서 '죽고 싶은지' 솔직히 물어본다

'어떤 때에 죽고 싶은 생각이 들어?', '죽고 싶다는 기분이 얼마만큼 강하게 드니?'처럼 아이가 '죽고 싶다'는 기분에 대해 솔직하게 물어보세요. 상대가 묻는 말에 아이는 '죽고 싶다'는 기분을 잠재울 수 있고, 왜 그런 생각을 하게 됐는지 알 수 있는 효과적인 대응입니다. 결코 죽고 싶다는 기분을 조장하는 대응이 아니므로 안심하세요.

L(Listen) 절망적인 기분에 대해 들어 본다

아이의 이야기를 중간에 끊지 말고 끝까지 들어주세요. 내 눈앞에 있는 아이는 이미 절망적인 기분으로 '죽고 싶다'는 말을 입 밖으로 꺼낸 건지도 몰라요. 아이가 '죽고 싶다'는 말을 했을 때에 필요한 건 당신의 가치관에 따른 충고나 설교, 가르침을 펼치는 것이 아니라, 그 아이의 '죽고 싶다'는 기분을 받아 주는 수용적 태도입니다.

K(Keep safe) 안전을 확보하다

그 아이가 처한 환경이나 상황에 위험한 요소가 있다면 바로 아이를 멀찍이 떨어뜨려 주세요. 만일 당신이 혼자 아이의 안전을 확보할 수 없는 상황이라면, 누군가에게 도움을 요청하세요. 아이를 구하기 위해서는 당신이 먼저 도움을 요청할 줄도 알아야 합니다.

이상 'TALK 원칙'을 소개했습니다. 당신에게 '죽고 싶다'라고 말하는 아이가 있다면 아이의 말을 부정하거나 외면하려고 하지 마세요. '죽고 싶다'고 말해 준 아이의 용기 있는 행동에 감사하고, 아이의 상황을 있는 그대로 받아 주시기를 간곡하게 바랍니다. 그리고 "네가 그 무엇보다 소중하다", "네가 너무 걱정된다" 등 아이를 향한 감정을 말이나 행동으로도 아이에게 보여 주세요. 당신의 진심 어린 대처가 아이의 생명을 구할 수 있습니다.

자해를 고백한 아이에게
우선 전해야 할 것

상상도 하기 싫은 일이지만, 아이는 마음에 큰 병이 들었을 때, 자신의 몸에 상처를 입히는 것으로 고통을 극복하려는 경향이 있습니다.

'아이들이 시도한 자해'를 알게 된 순간, 부모(혹은 어른)로서 놀라는 것은 너무도 당연한 일입니다. 우리 아이의 자해 상처를 상상하는 것만으로도 견딜 수 없다고 말씀하시는 분들도 있습니다. 그런 분일수록 아이가 괴로운 상황에 빠졌을 때, 언제라도 손을 내밀 수 있도록 아이들의 자해에 대해 미리 알아 둘 필요가 있습니다.

우선 여러분은 '자해'라고 하는 단어에 어떤 이미지가 떠오르시나요? 어쩌면 '주위의 이목을 끌기 위한 행동'이란 생각을 가진 분도 계실 거예요. 그러나 진심으로 자신을 어필하기 위한 행동이라면 사람들이 많이 지나다니는 장소나 자신이 소중하게 생각하는 사람들 앞에서 대놓고 시도할 거예요.

그러나 실제로 자해하는 사람의 90퍼센트가 아무도 없는 은밀한 곳에서 혼자 자해합니다. 즉 대부분의 자해는 누군가에게 어필하기 위한 행동이 아니라는 것입니다. 인간관계가 원만하지 않거나, 장래에 대한 불안, 자기 자신에 대한 부정, 나는 아무것도 할 수 없다는 열등감, 고독함을 극복하고, 다른 사람들의 시선에 강렬한 불쾌함을 느끼고, 그것에 저항하기 위해 자해를 합니다.

만약 아이가 자해한 상흔을 보여 준다면 부모(혹은 어른)로서 어떤 대처를 해야 할까요? 대체로 "다시는 하지 않겠다고 약속해"라며 그 자리에서 더이상 이런 불미스러운 일이 일어나지 않도록 약속을 강요하거나, "자신의 몸을 스스로 소중히 아껴 줘야지"라고 시작하는 잔소리를 퍼붓지 않도록 합니다. 먼저 자신의 상처를 보여 준 아이의 용기 있는 태도에 "나한테 먼저 말해 주고, 네가 얼마나 힘들었는지 보여 줘서 고마워"라고 말해 주고, 믿을 수 있는 부모(혹은 어른)로서 따뜻하게 아이를 감싸 안아 주는 것입니다.

그리고 나서 정성을 들여 꼼꼼하게 아이의 상처를 치료해 주면서 그 아이가 끌어안고 있는 '눈에 보이지 않는 마음의 상처'에 대한 아이의 이야기를 끝까지 들어주세요.

상처를 치료하고 있을 때에 '다시는 하지 않겠다고 약속해'라는 말이 목구멍으로 차오를 거예요. 하지만 그 말이 나오려고 할 때에는 마음속으로 '이 아이는 자해를 해서라도 스스로를 지키고 싶었던 걸지도 몰라'라고 되새겨 주세요. 자해를 해서라도 자신을 지키고 싶었던 아이에게 '다시는 하지 않겠다고 약속해'라는 말은 '아이가 먼저 내민 손을 그 자리에서 강하게 뿌리치는 것'과 같은 행동이니까요. 따라서 자해를 한 아이를 책망하거나 그 상황을 피해서는 안 됩니다.

자해가 아이에게 긍정적인 사인은 절대로 아닙니다. 아이도 자신이 상처를 내는 이 행위가 장기적으로 볼 때, 좋은 대처 방법이 아니라는 것쯤 잘 알고 있습니다. 그러므로 자해에 대해 이야기를 나눈 다음에는 "만일 또 네가 네 몸에 상처를 내고 싶어진다면, 지금 여기서 나한테 말해 준 걸 떠올려 줬으면 좋겠다"고 덧붙여 주세요. 그리고 언제든지 상처를 보여주러 오거나, 흉터로 남아 있는 상흔에 대해 이야기 할 수 있다는 것을 보장해 주세요.

그리고 또 하나, 아이들은 '누구도 믿지 않는' 자기 파괴적인 자해도 한다는 것을 잊지 마세요. 부모(혹은 어른)에게 자신의 상처를 보여 줬을 때, 불쾌함이나 놀란 기색을 보인다면 어떻게 될까요? 혹은 다시는 하지 않겠다고 약속을 강요하는 부모(혹은 어른)를 마주한다면요? 아이들은 '이제 누구도 믿을 수 없고, 말할 수 없다'는 실망감에 몸서리치고, 부모(혹은 어른)나 친구와 같은

'사람'이 아닌, 커터나이프나 시판되는 수면제나 진통제와 같은 약물 등의 '물건'에 의존해 버릴 위험이 커집니다.

따라서 이를 방지하기 위해서라도 아이가 자해를 고백한다면 앞서 말씀드린 대로 "나한테 먼저 말해 주고, 네가 얼마나 힘들었는지 보여 줘서 고마워"라고 전하고, 정성을 다해 상처를 치료해 주세요. 그리고 무엇보다 중요한 건 그 자리에서 당장 자해를 해결하려 들지 말고, 다음에도 아이가 스스로 도움을 요청할 수 있게끔 안도감을 주는 것입니다.

마지막으로 만일 지혈이 되지 않을 정도로 상처가 깊거나 쓰러질 정도로 약을 다량으로 복용하여 의료진의 처치가 필요할 때에는 응급실로 달려가 전문가의 진료를 받아야 합니다. 혹은 소아청소년 정신건강의학과의 진료를 받는 것도 고려해 주세요. 아이가 진료를 받을 때에는 "네가 오늘 상태가 안 좋아서 진료를 받는 거야"라는 식으로 일방적인 통보를 하는 게 아니라 "네가 걱정돼. 그러니까 먼저 의사 선생님께 진료를 받아 보자"라고 완곡한 표현으로 아이를 달래 주세요. 그리고 진료를 받을 때에는 반드시 보호자가 동석하도록 합니다.

믿을 수 있는 심리상담소를
고르는 방법

이 책을 여기까지 읽은 독자라면 "자, 그럼 육아를 하는 중에 곤란한 상황이 생긴다면 어떤 전문가 선생님을 찾아 상담을 받아야 하지?" 하는 질문을 하겠지요. 그 질문에 제 경험에서 비롯된 '피해야 할 심리상담소(발달센터 혹은 병원)의 특징'을 설명해 보려고 합니다.

피해야 할 심리상담소(발달센터 혹은 병원)의 특징

☑ 아이와 직접 대면을 하지 않고 부모님과의 상담만을 원하는 곳

☑ 유료 테스트나 세미나 등을 추천하는 곳

☑ 매번 아이를 '어떤 상태로 만들어 주길 바라는지' 묻는 곳

☑ '학교에 대한 불안을 해소하고 단기간에 성적을 올린다!', '3주 만에 다시 학교로 가는 법!' 등 과대 광고를 하는 곳

☑ 상담소 소개 문구에 이용 요금이 명시되어 있지 않거나 정확히 표시되지 않은 곳

☑ 블로그나 공식 홈페이지에 회원 가입을 해야 상담을 응하는
  곳

　심리상담소(발달센터 혹은 병원)를 고를 때에는 이런 류의 기
관이나 전문가(의료진)는 피하는 것이 좋습니다. 또한 자주 눈에
띄는 '상담사'는 직업명일 뿐 특정한 자격이 없는 경우가 많으니
각별한 주의가 필요합니다. 자격이나 경력, 업력 등이 명기되지
않은 심리상담소(발달센터 혹은 병원)도 피해야 합니다.
　반대로 '아이의 부정하지 않는다', '비밀을 엄수한다', '아이의
이야기에 깊이 공감한다' 이 상담의 3요소를 갖췄으며, 개별 상담
자의 자격, 전공, 경력 등과 주 상담 분야가 명시된 곳이라면 좀더
신뢰를 가지고 상담을 문의해도 좋습니다.
　조금은 과격한 내용이 되었지만, 내 아이를 향한 부모(혹은 어
른)의 걱정과 불안을 이용하려는 사람은 분명 존재하니 부디 조
심해 주세요.

Chapter 5

어른의 마음도
지켜야 합니다

육아 고민으로 시작하여 자기 자신을 책망하는 것으로 끝을
맺는 보호자를 종종 만납니다. 그러나 아이가 행복해지기 위
해서는 보호자가 먼저 행복한 하루하루를 보내야 합니다. 어
른도 자기 자신을 인정하는 습관과 나 자신을 보살피는 방법
을 알아야 해요. 따라서 아이를 키우는 부모(또는 어른)도 스
스로를 다독여 줘야 합니다. 아이와 함께 건강한 매일을 맞이
해 볼까요.

아이와 대화를
이어 가고 싶어요

'아이와 말이 통하지 않는다'라고 생각할 때가 꽤 있지 않나요?

제가 막 간호사로 일을 시작했을 무렵, 아이들과 대화를 이어 가는 게 얼마나 어렵던지요. 저를 향한 아이들의 반응은 또 얼마나 냉정하고요. 그러나 지금 돌이켜 보면 당시에는 '아이들과 말이 통하지 않는 나 자신에 대한 불안함'으로 '아이들과 함께 이야기를 나누는 즐거움'을 놓치고 있었습니다.

아이들과 이야기하는 것에 두려움이 생기는 순간, 아이와 마주하기 전부터 '어떤 이야기가 좋을까', '무슨 말을 할까?'와 '나는 무엇을 말할까' 등 나 자신에게 집중하게 됩니다. 이런 생각으로 아이를 대하다 보면 마치 티비 토크쇼처럼 부자연스럽고 재미도 없는 대화가 이어질 뿐이지요. 따라서 '내가 무슨 말을 해야 할까'를 미리 고민하는 게 아니라 '아이가 내게 무슨 이야기를 해 줄까?'를 먼저 생각해 보세요. 아이의 입에서 나오는 이야기를 들으며, 아이의 눈높이에 맞춰 응답하세요. 그렇게 아이와의 화제를 넓혀 가는 건 어떨까요?

또 아이들은 상호 소통에 무척 미숙한 존재입니다. 어른과 마주앉아 대화한다는 것 자체에 바짝 긴장한다는 것도 잊지 말아야 합니다. 또한 아이는 '나는 어른들과 이야기하는 게 영 어색해'라든가 '이런 것까지 말해도 되려나?' 같은 자기 점검을 하고 있을지도 모릅니다.

따라서 '아이와 마주 보고 대화하고 있는 어른으로서의 나'는, 아이가 무슨 이야기를 해 줄지 기대하고, 그 이야기를 끝까지 집중해서 들어주세요. 아이를 바라보며 경청하는 나에게 내 앞의 아이는 신이 나서 더 많은 이야기를 쏟아낼 거예요. 화술이 좋거나 나쁜 건 아무런 상관이 없습니다. 자연스럽고 즐겁게 아이와의 대화가 쭉 이어진다면 말이지요.

아이와 자연스럽게 대화를 이어 가는 사람들을 보고 있자면, 그렇지 못한 부모 자신과 비교하고 '저렇게 아이의 마음을 이해해 줄 수 있다면 좋을 텐데……'라고 자책할 수도 있습니다. 하지만 그보다 더 중요한 것은 '당신과 당신의 아이가 오늘도 마주 보고 이야기를 나누고 있다'라는 지금의 상황입니다. 부디 그 작은 행복을 만끽해 주세요.

63

'아이에게 잘해 주지 못했다'고 고민한다면 이미 충분히 아이를 사랑하는 사람입니다

아이들과 매일 뒤엉켜 지내다 보면, 화가 나기도 하고 슬퍼지기도 하고, 때때로 안절부절못하고 초조한 제 마음이 아이들과 충돌을 일으키기도 합니다. 그럴 때마다 '아이한테 그렇게 말하지 말걸……'이라고 자책할 때도 있습니다. 아니, 꽤 자주 자책합니다.

그렇지만 '아이에게 잘해 주지 못했다'고 고민하는 그 마음을 조금 바꿔 생각해 보면 '그런 말투로 말하지 말걸', '그런 식으로 혼내지 말걸'이라면서 '아이를 위해서' 했던 나 자신의 행동들을 되돌아보고 후회하는 것이기도 합니다.

제가 근무하고 있는 병원에도 '아무래도 아이에게 다정하게 다가서기가 어렵다'고 호소하면서 '어떡해야 좋을지 모르겠다'고 내원하는 보호자분들이 많습니다. 그러나 그렇게 찾아오시는 보호자분들의 이야기를 유심히 들어 보면 아이들과 지내는 일상이나 아이들과 나누는 대화의 내용에는 상당 부분 '아이들의 시점에 맞춰진 배려 깊은 마음'이 깊이 담겨 있었습니다.

그런데도 상담을 위해 내원하신 보호자분들은 "울컥 화를 내고 말았다.", "아이에게 냉정하게 돌아섰다", "아무래도 아이의 시선에 맞춰 이야기를 나눌 수 없다"는 식으로 자신의 행동이나 말투에 불만과 불안을 터뜨립니다. 자신이 일상 속에서 아이들을 위해 얼마나 헌신하고 있는 지는 망각하고서요.

이러한 고민을 안고 있는 보호자분들이 제게 늘상 하는 말은 똑같습니다. "아이를 위해 뭘 해 줘야 할지 모르겠다……"라고요. 그러나 저는 이렇게 생각합니다. 그렇게 아이를 위해 무언가를 해 줘야겠다는 마음을 가졌다는 것 자체로 '아이를 충분히 위하고 있습니다'라고요.

'아이를 위해 아무것도 해 준 게 없다'라는 것은 아이를 위한 것을 늘상 생각하고 있다는 마음에서 우러나는 사랑입니다. 이 책에서는 '아이가 지금 잘하고 있는 것을 칭찬해 줍시다'라고 여러 번 이야기했지만, 아이를 양육하시는 모든 보호자도 마찬가지입니다. 지금 이 순간에도 당신이 아이를 위해 고민하는 그 마음을 스스로 칭찬하는 것부터 시작입니다.

64

당신의 헌신으로
아이는 성장합니다

아이는 과연 누가 뒷받침하는 걸까요? 학교의 선생님이나 상담센터의 선생님, 형제나 조부모도 아이를 돌보고 있습니다. 그러나 그 누구보다 헌신적으로 아이를 키우고 돌보는 건 바로 당신, 아이의 보호자입니다.

아이의 의식주와 안전을 보장하면서 놀아 주고, 때에 따라서는 야단도 치고 '아이를 위해 더 해 줄 건 없는지' 늘 고민하면서도 아이의 매일을 책임지고 살뜰하게 살피는 당신이 있기에, 아이는 세상을 향해 한 발을 내딛고 성장하는 것입니다.

아이의 성장을 바라보며 기뻐하는 것도 중요하지만, 아이가 잘 살아갈 수 있도록 물심양면 도운 '당신의 노력'을 인정하고 자기 자신을 위로해 주었으면 합니다.

아이의 성장을 보면서, 아이가 지금까지 노력하고 고생한 것이 눈앞에 펼쳐 지며 '정말 고생했다!'고 아이를 향한 찬사를 아끼지 않겠지요. 그러나 아이가 했던 노력과 고생에만 집중하면 안 됩니다! 저는 그 모든 것이 당신의 피땀 눈물의 결실이라고 생각하니까요. 아이가 지금의 자리에 있기까지 당신은 아이를 위해 모든 것을 쏟아부었습니다. 그러나 그런 당신의 노력은 아이와 함께 있다 보면 망각하기 쉽고, 그렇다고 주변의 인정을 받기도 어렵습니다. 따라서 존중받고 칭송 받아 마땅할 당신의 노력은 무시되기 일쑤지요.

그렇기에 아이가 한 발 한 발 세상으로 나아가고 성장해 갈 때마다 '정말 잘했다!'를 아이가 아닌 나 자신에게 들려주세요.

아이를 생각하는 마음이 깊을수록 '어떻게 부모(혹은 어른)로서 자신이 수고한 것을 생색내느냐'라는 생각이 들 수 있습니다. 그러나 당신이 스스로를 인정하지 않으면 삶에 지치기 쉽고, 그럼 아이를 돌보는 일에도 힘이 빠질 수 있어요. 앞으로도 아이의 빛나는 성장을 바란다면, 아이보다 한 걸음 뒤에 서서 최선을 다하고 있는 자신의 노력을 인정하고, 적극적으로 자신을 위로하는 시간을 가져 보세요.

65

자고 있는 아이를 보면서 '역시 잘했어!'라고 생각해 보세요

곤히 잠든 아이의 얼굴을 보면서 하루가 무사히 지나갔음에 안도합니다. 아침 식사를 준비하고, 아이를 어린이집이나 학교에 보내고 난 뒤에 출근하거나 집안일을 하고, 하루 일과를 모두 마친 뒤에 아이를 데리러 갑니다. 하지만 그걸로 일과는 끝나지 않아요.

집으로 돌아와서는 저녁 준비를 하고, 아이를 씻기고, 숙제 검사를 하고 목욕시키는 등의 자질구레한 일을 하고, 잠투정을 하는 아이와 씨름하다 이내 잠든 아이를 보면서 다음 날 준비를 합니다.

모든 부모(혹은 어른)들이 이와 같은 쳇바퀴를 굴리듯이 사는 것은 아니겠지만, 아이보다 먼저 일어나고 아이보다 늦게 자는 매일이 이어지고 있는 것은 명백한 사실입니다. 그런 바쁜 나날 속에서 적어도 아이의 자는 모습을 보고 있을 때만큼은 열심히 하루를 살아온 나에게 '고생했다' 말해 주세요.

제 경험상, 아이를 위해 과도한 희생을 하는 경우에는 '부모(혹은 어른)니까'라는 생각이 강한 나머지, 혼자서는 감당하기 어려운 상황에서도 '부모(혹은 어른)니까, 이 정도는 해야지'라고 스스로를 다그칠 뿐, 바쁘게 살아온 시간들은 잊어버리는 경우가 많습니다. 그런 부모(혹은 어른)들에게 저는 '아이가 자고 나면 나 스스로를 다독여 주세요'라고 조언합니다.

'자신의 노력을 인정하고, 적극적으로 자신을 위로해 주는' 시간을 '아이가 잠들어 버린 밤'으로 설정하는 것이지요. 반강제적으로라도 매일 밤 나에게 칭찬하세요. 육아를 하는 동안에는 고독할 때도 많고, 자책하는 일도 많습니다. 그러나 스스로 칭찬하는 시간을 아주 잠깐이라도 만든다면 부모의 매일에는 큰 의미와 가치가 있다는 것을 다시금 확인할 수 있습니다. 육아 중에 아주 작은 행복을 실감하는 것이지요.

아이가 쌕쌕 소리를 내며 안심하고 푹 잠들 수 있는 환경을 만든 것은 그 누구도 아닌 당신입니다. 아이의 자는 모습을 볼 때에는 '아이가 푹 잠들 수 있는 잠자리를 만들다니, 역시 잘했어!'라고 자신을 칭찬해 보는 건 어떨까요?

66

'늘 활기에 찬 부모'가 아닌 '일정한 텐션을 유지하는 부모'를 지향합니다

항상 활기차고 아이들과 최선을 다해 놀고, 아이들의 이야기에 귀를 기울여 주는 사랑이 넘치는 부모(혹은 어른)…….

이러한 '활기에 찬 부모(혹은 어른)'를 유지하기 위해 아등바등하는 것은 아이를 위해서만은 아닐 거예요. '활기에 찬 부모(혹은 어른)'로 보이기 위해 안간힘을 쓰다 보면 체력은 고갈되고, 다시 컨디션이 회복되기까지는 꽤 많은 시간이 걸립니다. 이러한 기나긴 휴식은 아이들에게 상당한 불안함으로 다가오고 '엄마 아빠가 다시 건강해질 수 있을까?'라는 걱정을 하게 만듭니다.

또한 이러한 '활기→체력 고갈→휴식'이라는 상태가 몇 번이고 반복되다 보면 아무리 부모(혹은 어른)가 건강한 상태로 돌아와도 전처럼 아이는 부모(혹은 어른)와의 놀이가 즐겁거나 편안하지 않을 거예요. 그뿐만 아니라 아이는 '왜 오늘은 다른 날과 다르지?', '이전이랑 다르게 오늘은 텐션이 높네……' 등 부모(혹은 어른)

의 컨디션 변화에 민감하게 반응하고, 컨디션의 변화가 클수록 아이의 불안은 상승합니다.

그렇다면 어떻게 하는 것이 좋을까요? '일정한 텐션을 유지하는 부모(혹은 어른)'를 지향하세요. 컨디션이 좋을 때에는 아이들과 적극적으로 나가 놀아 줘도 좋지만, 컨디션이 저조할 때에는 "오늘은 여기까지 놀자!" 하고 다음을 기약하고, 지금 현재 부모(혹은 어른)의 컨디션 상태를 아이들에게 전달해 주세요. 무리하지 않고 각자의 페이스를 유지하는 부모(혹은 어른)는 컨디션의 변화가 크지 않아 아이들이 불안을 느끼지 않고, 결과적으로는 부모 자식 간의 관계애서 안도감을 느끼게 됩니다.

부모(혹은 어른)라는 이유로 아이에게 늘 활기에 찬 모습을 보이는 것은 무척 어려운 일입니다. 따라서 '일정한 텐션을 유지하는 부모(혹은 어른)'로서 적당히 아이와 어울려 주세요.

67

어른의 불완전한 면을
아이에게 많이 보여 주세요

아이는 매일 미래에 대한 불안감을 안고 살아갑니다. '나는 사회에 적응할 수 있을까?', '나는 어른들처럼 책임감 있는 사람이 될 수 있을까?'라고 고민합니다. 즉 아이들은 부모(혹은 어른)를 지식이나 지혜, 돈이나 사회적 지위를 가지고 있는 '뭐든 할 수 있는 존재'로 바라봅니다. 그렇기에 '나도 언젠가는 어른처럼 되어야 하는데……'라는 부담감이 미래에 대한 불안으로 다가오지요. 그런 중에도 아이들에게 안도감을 안겨 주는 존재가 있습니다. "부모(혹은 어른)나 우리나 크게 다를 바가 없네"라고 보이는 어른이지요.

부모(혹은 어른)도 이런저런 실패를 경험하고, 상사나 웃어른께 혼도 나고, "나중에 할게"라고 미루다가 깜빡 잊어버리기도 하는 등 불완전한 부분이 많습니다. 그래요, 부모(혹은 어른)는 아이들이 생각하는 것만큼 성숙한 인간이 아닐 수도 있습니다. 따라서 그런 부모(혹은 어른) 입장에서는 조금 창피해질 정도의 불완전한 모습을 아이들에게 보이는 것으로 아이는 '어른이나 우리나 크게 다를 바 없네'라고 안도감을 느낄 수 있습니다.

부모(혹은 어른)도 나름의 입장을 세우면서 '아이에게 허술한 모습을 보이면 안 돼'라든가 '아이들에게 우스운 꼴을 보이면 안 돼'라면서 완벽하게 정리된 모습만을 보이고자 애를 씁니다. 그런 모습을 아이가 바라봤을 때, 미래에 대한 강한 부담으로 다가올 가능성이 있습니다. 부모(혹은 어른)는 '보다 완벽한 상태로 아이를 대해야지'라고 긴장하고, 아이들은 아이들 나름대로 부모(혹은 어른)의 기대에 부응하고자 각오를 다집니다. 다시 말해 서로 팽팽하고 긴장감으로 인한 날카로운 상태로 지낼 수밖에 없는 거예요.

따라서 부모(혹은 어른)의 실패나 불완전한 모습을 아이들에게 보여 줄수록 '부모(혹은 어른)라고 뭐 대단히 위대한 인물은 아니다'라는 실제 모습을 아이들에게 보여 주는 부모(혹은 어른)로서의 용기 있는 행동이 중요합니다. 불완전하지만 웃으며 살고 있는 부모(혹은 어른)의 존재가 아이가 갖는 미래에 대한 불안을 쉽게 해소해 줄 수 있습니다.

68

아이도 부모도
'미숙한 존재'랍니다

　병동에 있다 보면 '아이는 미숙한 존재다'라는 생각을 가지고 아이를 돌보는 분들이 있습니다. 그런데 아이들은 이런 분들에게 자연스레 거리를 둡니다. 그것도 꽤 높은 확률로 말입니다. 그도 그럴 것이 '아이는 미숙한 존재'라는 생각은 '아이는 뭐든 해줘야 하는 존재'라든가 '혼자서는 아무것도 할 수 없는 존재'라는 식으로 '아이들이 지니고 있는 능력이나 가능성을 무시하는 태도'로 아이들을 대합니다. 아이들은 본능적으로 이러한 어른의 감정을 꿰뚫어 보고요.

　미숙하고 불완전한 존재인 아이는 부모(혹은 어른)를 비롯한 어른과 사회 전체가 소중히 지켜 줘야 합니다. 그러나 미숙하고 불완전한 건 꼭 아이만이 아니에요. 어른도 모든 면에서 여전히 미숙하고 불완전합니다. 실수하고, 잘못된 선택을 하고, 그로써 실패도 경험합니다. '아이는 미숙하고 어른은 성숙한' 게 아니라 '아이도 어른도 모두 미숙'하다고 생각하는 것이 맞지 않을까 합니다.

'아이만이 미숙한 존재'라고 생각하고 있으면 눈앞의 아이가 뭘 해도 성에 차지 않아 도와주고 잔소리를 늘어놓게 됩니다. 서로 이러한 관계가 쌓이다 보면 아이를 대하는 태도가 지시적이고 관리적으로 변할 수밖에 없겠지요.

이처럼 부모 자식 간의 일방적인 관계를 막기 위해서라도 '부모(혹은 어른) 또한 미숙한 존재'라는 것을 염두에 두고 아이를 대한다면, 인간 대 인간으로 평등하게 아이와 마주할 수 있습니다. 그래야만 아이의 시선에서 아이가 지니고 있는 능력이나 작은 성장을 인정해 줄 수 있게 됩니다.

아이는 부모(혹은 어른)가 지켜 줘야 할 존재이지만, 아이도 스스로 누군가를 지켜 줄 수 있는 존재라는 걸 잊지 마세요. 그걸 어른인 부모(혹은 어른)가 잊어서는 안 됩니다. 따라서 '아이는 미숙한 존재'라고 생각하지 말고, '아이도 어른도 모두 미숙한 존재'라는 생각으로 서로 존중해 줘야 합니다.

69

'어른의 실패담'이 아이에게는 위로가 됩니다

어른이 미숙한 존재임을 아이에게 알려 주기 위해서는 아이와의 대화 중에 '과거의 실패담'을 적극적으로 늘어놓는 것이 꽤 효과적입니다. 어른의 과거 실패담에는 아이에게 여러모로 긍정적인 영향을 주는 힘이 있으니까요.

예를 들어, 연애 실패담을 들려줬다 칩시다. "헤어진 뒤에야 전 남자(여자) 친구의 자리가 얼마나 컸는지 알았어"는 성인들끼리는 할 수 있는 이야기지만, 아이들에게는 꽤나 신선하게 들립니다. '어른인데도 실패를 했어!'라는 안도감을 갖는 아이가 있는가 하면, '어른들도 그런 기분을 느끼는구나'라고 의외성을 찾아내는 아이, '나는 그렇게 되지 않도록 조심해야지'라고 사람을 대하는 법을 배우는 아이도 있습니다.

모든 면에서 우월하다고 생각되는 부모나 어른의 실패담은 아이에게 커다란 영향력을 끼칩니다. 그와 동시에 좋은 충격을 안겨 주고요. 게다가 웃는 얼굴로 실패담을 유머러스하게 풀어내는 부모(혹은 어른)를 보고 있자면, 아이는 자신의 실패담 또한 이야기하고 싶어집니다. 실연당한 이야기를 깔깔 웃으면서 들려주는 부모(혹은 어른)에게 "실은 내가 좋아하는 애가 있는데……"라고 불쑥 연애 상담을 청해 올지도 모릅니다. 친구와 치고받고 싸운 이야기를 들려주는 부모(혹은 어른)에게는 "실은 나도 최근에 반 친구랑 싸웠는데……"라고 친구 관계로 인한 고민거리를 털어놓을지도 모르지요.

이렇듯 재미를 더한 부모(혹은 어른)의 이야기는 아이들이 듣기에 '거친 세상을 살아가는 데에 용기를 주는 이야기'이자, '세상을 살아가기 위한 지혜를 얻는 조언'이며, '자신의 실패를 떨쳐 버릴 수 있게끔 해 주는 위로'가 되어 줍니다.

하지만 어른의 무용담을 늘어놓는 것은 추천하지 않아요. 어른의 무용담만큼 아이들에게 지루함을 주는 건 없으니까요. 아이가 듣고 싶은 건 당신이 과거에 묻어 둔 '눈물이 쏙 빠지도록 웃긴 실패담'이니까요.

70

부모의 쉬는 모습을 보고 자란 아이일수록 잘 쉽니다

여러분은 언제 휴가를 떠올리시나요? 슬슬 체력의 한계를 느끼는 순간일까요? 아니면 체력적으로 한계점에 도달하여 뻗어버린 뒤에야 휴가 계획을 세우시나요?

사실 아이는 '부모(혹은 어른)가 어떻게 일을 하고 있는지'만 지켜보는 게 아니에요. '부모(혹은 어른)가 어떻게 쉬는지'도 자세히 살펴봅니다. 그러니 부모(혹은 어른)로서 어떻게 쉬는 게 효율적인지 궁리하고 '아이가 함께하면 좋을 만한 휴식 방법'을 제시해 줘야 합니다.

휴가가 필요한 시기는 '피곤함을 느끼지 않을 때'입니다. 일단은 쉬는 겁니다. 사실 인간의 뇌는 피로를 쌓는 데 최적화되어 있다 보니(실제로는 무척 피곤한 상태인데도) '피곤하지 않다'라고 느낍니다. 다시 말해 당신이 '피곤하다'고 느낄 때에는 이미 '꽤 많이 피곤한 상태'일 가능성이 큽니다.

쉬는 것을 멀리하고, 매일 열심히 일해야만 인정해 주는 문화에서 자라 온 우리 부모(혹은 어른)들은 '쉬는 것은 게으름'이라는 가치관이 아직 마음속에 자리 잡고 있지요. 그 때문에 '몸과 마음이 부서지지 않는 한 쉬지 않고 일한다'라는 무리한 행동을 하는 경향이 있습니다. 그렇지만 이러한 부모(혹은 어른)의 모습을 보고 아이들이 자란다면, 그 아이들은 어떻게 될까요? 아마도 부모(혹은 어른)와 크게 다르지 않을 겁니다. '피곤하지만 몸과 마음에 병이 생기지 않는 한 계속 일한다'는 기조로 살아가겠지요.

따라서 부모(혹은 어른)가 스스로 나서서 '피곤하지 않더라도 일단 쉰다'는 생각을 지녀야 합니다. 평소에도 시간이 날 때마다 적극적으로 쉬는 모습을 보여 주는 것이 무엇보다 중요하고요.

쉰다는 것은 지금까지 열심히 일한 나 자신에게 주는 보상과도 같아요. 쉼은 지금껏 최선을 다한 당신을 지지하는 무엇보다 중요한 행동입니다. 그 소중한 행위를 아이들에게 적극적으로 보여 주는 것만으로도 스스로 쉬는 법을 터득해 나갈 테지요. 부모(혹은 어른)가 잘 쉬어야 아이도 잘 쉴 수 있습니다.

이 책을 끝까지 읽어 주신 분들께, 마음 깊이 감사의 인사를 드립니다.

아마도 '생각보다 추상적인 이야기가 많다'라고 느끼는 분들도 있을 거라고 여겨집니다. "대화법을 이렇게 바꾸는 것만으로도 아이는 바르게 자란다!"라는 마법 같은 이야기나 '아이가 말을 잘 듣게 되는 금단의 대화법!' 같은 '정답'을 알고 싶었던 분들께는 이 책의 내용이 크게 부족하다고 느끼셨을지 모릅니다. 한편으로는 '뜬구름 잡는 소리는 집어치우고 아이를 제대로 키울 방법이나 책에 좀 소개할 것이지!'라고 비판하는 목소리도 들리는 듯합니다만, 이건 제 기분 탓이겠지요?

제가 소아청소년 정신건강의학과 병동의 간호사로서 10년간 여러 아이를 곁에서 지켜봐 온 결과 '육아에는 절대적인 정답은 없다'라는 것을 절실히 느낍니다. 그것이 제 솔직한 심정입니다. '아이가 아침에 일찍 일어나 방실방실 웃으며 등교하고, 학교에서는 친구들과 사이좋게 지내고, 집중해서 공부하고, 집에 돌아와서는 집안일도 거들면서, 스마트폰은 멀리 던져두고, 가족들과 단란한 시간을 소중하게 여기며, 다음 날 학교에 갈 준비를 스스로 마친 뒤, 밤 9시가 되면 스스로 잠자리에 든다'처럼 동화에나 나올 법한 이상적인 상황은 이 세상에 존재하지 않습니다. 만약 이런 아이가 있다면, 부모(혹은 어른)의 이상향에 맞춰 아이의 정체성은 무시된 채 조종되고 있는 건 아닌지 경계해야 할지 모릅니다.

이 책은 아이를 부모(혹은 어른)의 바람대로 키우는 게 아니라, 아이를 한 명의 인간으로서 존중하고, 아이의 상처 받기 쉬운 마음을 어떻게 보듬어 줄지에 관한 이야기를 하고 있습니다. 아이는 부모(혹은 어른)의 어떤 면을 보고 안도감을 느끼고, 그 마음의 안정을 바탕으로 자신의 인생을 어떻게 펼쳐 나갈 것인가에 대해 제시합니다. 그리고 각각의 예들은 제가 병동에서 직접 겪은 경험을 통해 전달하려 했습니다.

아이들을 돌보는 간호사로서, 또 한 아이의 아버지로서 육아의 정답을 알고 싶은 양육자들의 마음은 저도 충분히 이해가 갑니다. 무엇보다 요즘에는 인터넷이나 SNS를 통해 정보가 만연하고, 그걸 보다 보면 양육자로서 조바심 또한 얼마나 나는지요. 그뿐인가요, 해가 갈수록 양육자에 대한 기준이 엄격해 지고 있다는 걸 매일매일 피부로 느낍니다. 엄청난 스트레스와 부담감 속에서 아이를 키우다 보니, 육아의 정답이 간절해질 때도 많습니다. 머리로는 육아에 왕도가 없다는 것을 이해하지만, 아이들과 지내다 보면 절대적인 정답이 필요한 때도 있으니까요. 그것은 지금을 살아가는 부모(혹은 어른)만의 문제가 아닌, 과거에도 미래에도 아이를 키우는 부모(혹은 어른)의 숙명일 겁니다. 그렇기에 저는 매일매일 아이들을 뒷바라지하는 양육자들이 자신의 노고를 인정하고 받아들이는 것이 무엇보다 중요하다고 생각합니다.

당신은 오늘도 최선을 다해 아이를 돌보고, 아이의 미래를 생각하면서, 조급한 마음을 꾹 누르면서 아이를 지켜보셨을 거예요. 안 그런가요? 그리고 '아이를 위해'라고 생각하면서 이 책을 펼쳐 든 당신은, 아마도 아이가 아닌 자신을 자책하는 일도 많았을 겁니다.

인생이 마라톤처럼 장기 레이스이듯 육아 또한 장기전입니다. 때로는 완벽하게 아이를 돌보는 것처럼 보이는 SNS상의 인플루언서들과 나를 비교하며 부모(혹은 어른)으로서 자신감을 잃어 가고 있지는 않나요? 그렇게 기분이 바닥을 칠 때마다 '누구보다 아이를 열심히 뒷받침하고 있는 나 자신'을 떠올려 주세요. 매일매일 최선을 다하는 당신의 노력은 틀림없이 아이에게 큰 힘이 되어 주고 있으니까요. 또한 그 이상으로 당신의 존재는 아이에게 절대적인 힘이 되고 있습니다. 부디 당신의 존재 가치를 잊지 마세요.

오늘도 머리를 쥐어뜯으면서 답이 없는 아이와 싸우기도 하고, 흙투성이가 되어 돌아온 아이를 구석구석 씻기고 있는, 그 누구보다 멋지고 최고로 자랑스러운 당신에게 이 책을 바칩니다.

부디 이 책을 읽고 있는 당신과 당신의 아이, 모두의 마음을 잘 보듬어 주길 간절히 바랍니다. 부디 부모(혹은 어른)인 자기의 몸을 혹사하지 말고, 자기 자신 또한 아이처럼 돌봐 주세요.

마지막으로 저처럼 그렇게 유명하지도 않은 간호사에게 책 출간을 의뢰해 준 출판사에 깊은 감사를 드립니다. 글을 쓴다는 것에 대한 두려움이 고스란히 반영된 문장을 수려하게 만들어 주시면서도 쓴소리는커녕 늘 따뜻한 조언을 아낌없이 해 주신 편집자에게도 머리 숙여 감사의 말씀을 전합니다.

정신건강의학과 인증 간호사 **고도칸**

아이를 무너트리는 말,
아이를 일으켜 세우는 말

1판 1쇄 인쇄 2024년 8월 14일
1판 1쇄 발행 2024년 8월 28일

지은이 고도칸
옮긴이 한귀숙
감수 이은경
펴낸이 김영곤
펴낸곳 (주)북이십일 21세기북스

콘텐츠TF팀 김종민 신지예 이민재
출판마케팅영업본부장 한충희
마케팅3팀 정유진 백다희
출판영업팀 최명열 김다운 권채영 김도연
제작팀 이영민 권경민
편집 꿈틀 이정아 **디자인** design S

출판등록 2000년 5월 6일 제406-2003-061호
주소 (10881) 경기도 파주시 회동길 201(문발동)
대표전화 031-955-2100 **팩스** 031-955-2151 **이메일** book21@book21.co.kr

© 고도칸, 2024

ISBN 979-11-7117-770-7 03370

(주)북이십일 경계를 허무는 콘텐츠 리더

21세기북스 채널에서 도서 정보와 다양한 영상자료, 이벤트를 만나세요!
페이스북 facebook.com/21cbooks **포스트** post.naver.com/21c_editors
인스타그램 instagram.com/jiinpill21 **홈페이지** www.book21.com
유튜브 youtube.com/book21pub